새 가족 양육 교재
세례 전 성경공부 교재

인생 역전을 위한

최고의 선택

김동훈 지음

쿰란출판사

인생 역전을 위한

최고의 선택

책머리에

이 책을 쓰는 내내 샘솟는 기쁨이 제 마음을 사로잡았습니다. 예수 그리스도를 믿어 하나님의 자녀가 된 그때의 감격과 기쁨 말입니다. 목말랐던 영혼에 쏟아져 내린 그 흡족했던 단비, 삶의 무의미와 혼돈에서 벗어나 진리를 붙잡았을 때의 희열을 어찌 잊을 수 있겠습니까.

제가 경험했던 그 감격과 기쁨이 이 교재로 공부하는 여러분에게도 그대로 넘치기를 기도합니다.

교회에 갓 나온 새 가족이나 아직 세례를 받지 않은 신자들의 마음속에는 신앙에 대한 의문이 많습니다. 당연한 일입니다. 하지만 교회 안에는 그들의 의문을 시원하게 해결해 주는 분위기가 조성되어 있지 않아 보입니다. 성경에 대해 자꾸 물으면 마치 믿음이 없는 사람으로 여기기도 합니다. 안타까운 일입니다.

그런 점에 착안하여 이 책은 복음의 핵심 내용을 '묻고 답하는 형식'으로 구성했습니다. 교회의 새 가족과 세례를 받기 위해 공부하는 분들이 구원의 확신에 이르는 데 요긴하게 사용되기를 바랍니다.

이 책의 특징을 몇 가지로 요약합니다. 이 책으로 성경을 가르치고 배우는 분들께 참고가 되길 바랍니다.

1. 복음의 핵심 내용을 정확하게 표현하여 말씀의 깊이에 이르도록 배려했습니다

복음이 어렵게 여겨지는 이유 중 하나는 '표현'의 문제입니다. 기독교의 어려운 개념이나 용어를 사전식 풀이로 접근하여 쉽게 이해되도록 애썼습니다.

2. 스토리텔링 기법을 사용하여 복음이 친근감 있게 다가오도록 고려했습니다

우리 일상생활에서 경험할 수 있는 친근한 이야기나 지난 역사가 남긴 아름다운 일화 등을 인용했습니다. 그것은 복음이 우리 삶과 동떨어진 것이 아니라 현실적인 삶에 적용되는 진리임을 깨닫도록 이끌 것입니다.

3. 신학적 냄새를 풍기지 않으면서도 신학적 체계가 뒷받침되어 신앙의 뼈대를 잡아줄 것입니다

신론, 인간론, 기독론, 구원론, 성경론, 교회론 등에 기초하여 집필했습니다. 맛있는 빵에는 소금이 적당히 녹아 있지만 소금 맛이 나지 않는 원리입니다. 삼위일체론, 하나님의 형상과 그 회복 등 다소 어려운 개념도 반드시 알아야 할 필수 요소이기에 피해 가지 않았습니다. 그리하여 신앙의 뼈대를 잘 세워가도록 애썼습니다.

4. 기존 성경공부 교재의 양극화 경향을 극복하고자 애썼습니다

현재 활용되고 있는 성경공부 교재들은 신앙생활의 안내 수준에 머물러 있거나, 반대로 너무 구체적이어서 이해하기 어려운 양극화 경향을 보입니다. 새 가족 공부의 교재는 내용의 피상성에서 벗어나 예수 그리스도를 영접하도록 돕되, 한편 난이도를 잘 조절하여 이해하기 쉽도록 고려해야 합니다. 이러한 점에 착안하여 '깊이 있되 어렵지 않게' 집필했습니다.

"마음의 문을 여는 손잡이는 문 안쪽에만 있다."

독일의 철학자 게오르크 헤겔이 한 말입니다.

하나님은 당신의 마음의 문을 부수고 들어가지 않으십니다. 당신이 마음의 문을 열기를 기다리십니다. 부디 마음을 여시고 진리이신 예수 그리스도를 영접하시길 기도합니다.

진리를 만나면 인생 역전이 일어납니다. 세상을 바라보는 눈이 변합니다. 이전과는 다른 삶이 펼쳐지게 됩니다.

이 책이 교회의 새 가족과 세례식을 앞둔 성도에게 유익한 성경공부 교재가 되기를 바라며 기도합니다. 감사합니다.

차례

4장 성경은 어떤 책인가요?

5장 교회는 어떤 곳인가요?

6장 신앙생활은 어떻게 하는 것인가요?

제1장

하나님은 누구신가요?

1. 하나님이 정말로 존재하시나요?

2. 하나님을 어떻게 알 수 있나요?

3. 성경에 있는 하나님만 믿으라는 것은 독선 아닌가요?

1.

하나님이
정말로 존재하시나요?

➔ 궁금하기도 하고 잘 믿어지지 않아요!

저는 교회에 와서 믿음 있는 척하는 것이 싫습니다. 그래서 성경과 교회 생활에 대한 궁금함을 솔직히 털어놓고 여쭤봅니다. 당돌해 보일 수도 있겠지요. 그렇지만 친절하게 가르쳐 주시면 고맙겠습니다. 몰라서 묻는 것이고요, 또 정확하게 알고 제대로 믿고 싶어서 물어보는 것이니까요.

눈에 보이지도 않고, 느낄 수도 없는 신(神)을 어떻게 믿을 수 있나요? 솔직히 말하면, 어떤 때는 조금 믿어지는 듯하다가도 또 어떤 때는 의심이 확 밀려오거든요.

'인간이 신을 만들어 낸 것이 아닐까?' 하는 생각이 들 때도 많아요. 인생 자체가 힘들고 불안하니까 인간이 신을 만들어 내고서, 그 신을 의지하며 살아가고 있는 것은 아닐까요?

"신이 인간을 창조한 것이 아니라 인간이 신을 창조했다."

독일의 철학자 포이에르 바하(1804-1872)도 그런 말을 했다고 하잖아요. 또 영국의 유명한 사회학자 허버트 스펜서(1820-1903)는, "인간은 삶이 두려워서 사회를 만들었고, 죽음이 두려워서 종교를 만들었다"라고도 했고요. 솔직히 그런 말이 목사님 설교보다 더 설득력 있게 다가오기도 합니다. 지금으로서는요!

➔ 하나님이 계시다는 것, 믿음으로 믿음에 이르는 역설을 경험하시길 바랍니다.

그렇습니다. 신앙에 대해 의문이 생기는 것은 당연합니다. 성경과 교회 생활에 대해 궁금함을 솔직히 털어놓는 것은 오히려 장려되어야 할 일이지요. 더구나 정확하게 알고 제대로 믿고 싶어서 물어보는 것이라는 말씀에 참 고맙다는 생각마저 듭니다.

맞습니다. 우리 인간은 하나님을 볼 수 없고 만질 수도 없습니다. 사람들이 하나님에 대한 믿음을 갖기 어려운 일차적인 이유는 바로 이 때문이지요.

하지만 인간이 볼 수도, 만질 수도 없는 것이 이 세상에는 실제로 많지 않습니까? 인간의 선한 양심이나 사람 사이의 사랑은 눈으로 볼 수 없지요. 소중한 우정이나 감사와 기쁨도 손으로 만져지지 않습니다.

"소중한 것은 눈으로 볼 수 없는 거야!"

그렇습니다. 《어린 왕자》에 등장하는 여우가 한 말이지요.

하나님 역시 우리의 육안으로 볼 수 없습니다. 우리의 손으로 만질 수 없습니다. 왜냐하면 하나님은 영(靈, Spirit)이시기 때문입니다.

*** 하나님은 영이시니 예배하는 자가 영과 진리로 예배할지니라**(요한복음 4장 24절).

우연히 생겨나는 것은 없습니다.

인간이 신의 존재를 증명해 내려는 시도는 수없이 많이 있었습니다. 그 대표적인 것 중 하나인 '설계 논증'(Design Argument)을 간단히 설명해 보고자 합니다. 지금 손목시계를 들여다보십시오. 시계는 정확하게 시간을 표시해 줍니다. 이런 정밀하고 복잡한 사물은 우연

---

* 인용한 성경 말씀은 다소 흐리게 인쇄했습니다. 필기구를 드시고 그 말씀의 활자 위에 직접 따라 써 보시기를 바랍니다. 하나님의 말씀이 마음 깊이 새겨지실 것입니다.

히, 또는 저절로 만들어지지 않지요. 누군가가 시계를 설계하고 제작한 것이 분명합니다. 어떤 목적을 가지고 만든 것이지요.

그렇습니다. 손목시계가 우연히 생겨난 것이 아니듯이, 손목시계와 비교할 수 없을 정도로 정교한 이 우주와 인간 역시 우연히 만들어질 수는 없지요. 어떤 의도와 목적 아래 만들어졌습니다. 창조한 분이 존재한다는 것입니다.

성경은 만물을 지으신 분이 하나님이라고 알려줍니다.

> 집마다 지은 이가 있으니 만물을 지으신 이는 하나님이시라(히브리서 3장 4절).

그렇습니다. 집마다 지은 사람이 있습니다. 쓰러져가는 초가집 하나도 저절로 생겨난 것이 아닙니다. 만물을 지으신 이가 있습니다. 그분이 곧 하나님이십니다.

원인 없는 결과는 없습니다. 만물의 이치가 그렇지 않습니까? 다만 원인을 다 알지 못하고 결과만 바라보는 좁은 시각, 그것이 곧 인간의 한계입니다.

우주의 모형조차도 저절로 생겨나지 않습니다. 하물며…

천문학자 요하네스 케플러(1571-1630)에게 있었던 일입니다. 그는 하나님을 믿는 과학자였습니다. 그런데 케플러에게는 신의 존재를 믿지 않는 친구가 있었습니다.

"이 우주와 인간은 하나님의 창조물이라네."

"무슨 소리야? 기계적인 힘과 화학적 작용을 거쳐 우연히 생성된 거라고!"

케플러가 아무리 설명해도 그 친구의 생각은 변함이 없었습니다. 친구의 무신론적 사고를 바꿔주기 위해 그는 궁리 끝에 태양계의 모형을 만들기로 했답니다. 수성, 금성, 지구 등 태양계의 별들을 실제 크기의 축소 비율에 맞게 정교한 모형을 만들었지요. 그리고 그것들이 태양을 중심으로 빙글빙글 돌도록 전기 장치까지 마쳤습니다.

얼마 후, 케플러의 천문 관측소를 방문한 친구는 태양계의 모형을 보고 감탄했습니다.

"오, 멋지군. 자네는 솜씨가 참 대단하구만!"

케플러는 능청스럽게 대답했지요.

"내가 만들지 않았어. 이 모형은 우연히 저절로 생겨난 것이라네."

친구는 어이없다는 듯 말했습니다.

"그런 엉터리 같은 대답이 어디 있나? 이렇게 정교한 모형이 어떻게 저절로 만들어진다는 것인가?"

그 말을 들은 케플러는 친구의 손을 잡고 진지하게 말했습니다.

"여보게, 자네는 지금 이 작은 모형이 저절로 생겨날 수 없다고 했지. 하지만 이 모형은 진짜 우주에 비하면 아주 형편없는 장난감에 불과하다네. 그렇지 않은가? 이 모형도 누군가의 손이 아니면 만들어질 수 없는데, 어찌 이 거대한 대우주가 저절로 생성된다고 할 수 있겠는가?"

케플러의 친구는 아무 말도 못하고 눈만 껌뻑이고 있었습니다. 케플러는 친구의 두 손을 꼭 붙잡고 그의 영혼을 위해 하나님께 기도를 드렸다고 합니다.

복잡한 우주만 그렇습니까? 우리 인체는 얼마나 정교합니까? 과학자들은 우리 두뇌를 소우주라고 합니다. 짚신벌레나 아메바 등 단세포 동물에서 진화하여 지금의 이 정교한 육체가 되었을까요? 그것이 과학일까요? 사실 진화론은 이 모든 것을 설명하지 못합니다.

우리 육체는 그렇다 치고 우리 영혼은 또 어떻게 설명할 수 있을까요? 물질이 아닌 비물질인 영혼이 저절로 생겨난 것이라고는 그 누구도 입증할 수 없습니다.

믿음의 눈으로만 보이는 세계가 있습니다.

사실 우리 인간이 논리적 증명에 의해서 하나님을 믿게 되는 것은 아닙니다. 누군가의 설득에 의해서 되는 일도 아닙니다. 믿음은, 믿음으로 믿음에 이르는 역설(逆說)을 가지고 있습니다. 말이 좀 어려우시지요?

믿음으로 모든 세계가 하나님의 말씀으로 지어진 줄을 우리가 아나니 보이는 것은 나타난 것으로 말미암아 된 것이 아니니라(히브리서 11장 3절).

그렇습니다. 믿음으로만 알 수 있는 것들이 세상에는 흔합니다. 누구나 자기를 낳아준 부모를 그냥 믿고 받아들입니다. 유전자 검사를 한 후에 비로소 친부모로 인정하는 자녀는 없습니다.

마찬가지입니다. 믿음의 세계는 믿음으로 알 수 있습니다. 우리 눈에 '보이는 것은 나타난 것으로 말미암아 된 것'이 아닙니다. '나타난 것'은 무엇일까요? 객관적, 합리적, 과학적, 그리고 상식적인 사고에 부합한 것들이지요. 사람의 눈에 보이는 모든 것들은, 인간의 좁은 이성으로 죄다 이해할 수 있는 것이 아니라는 말씀입니다. 이렇듯 믿음의 세계 역시 우리의 상식과 합리적 사고를 초월합니다.

눈에 보이는 세계인 현상계(現象界) 뒤에, 눈에 보이지 않는 창조주 하나님과 그분의 세계가 감춰져 있습니다. 그것은 오직 믿음으로 알 수 있고, 믿음의 눈으로 볼 수 있습니다.

그러므로 세계적인 석학이라도 믿음이 없는 사람들은 "신이 인간을 창조한 것이 아니라 인간이 신을 창조했다" 등의 말을 할 수밖에 없지요.

지금 당장 '하나님의 살아 계심'이 잘 믿어지지 않을 수도 있습니다. 하나님을 믿고 싶은 마음은 있지만, 믿어지지 않아서 속상할 수도 있습니다. 지금 그 혼란스러운 마음을 충분히 이해합니다.

하나님이 살아 계시다는 사실이 잘 믿어지지 않아 답답한데, 믿음을 가지면 확실히 알게 된다고 하니 한층 더 답답할지도 모르겠습니다.

하지만 조금만 더 기다리십시오. 하나님께서는 당신에게 분명한 믿음을 주실 것입니다. 그 믿음으로 당신도 하나님을 확실히 알게 될 것입니다. 이 교재로 공부하는 동안에 말입니다.

➔ 우리 삶에 적용하며 기도합시다!

저는 20대 후반에 교회에 나가기 시작했습니다. 그때 저 역시 믿음을 갖는 과정에서 신앙적 갈등이 참 많았고 의문도 많았습니다.

"믿습니다! 믿쓰옵나이다!"

교회에 가면 사람들이 그렇게 목을 긁으며 기도하는 소리를 들었습니다. 그래서 '정말 믿는다면, 아니 믿어진다면 저렇게 소리를 지르며 기도할 이유가 없을 텐데…'라고 생각했습니다.

그 생각은 지금도 변함없습니다. 목에 힘을 줘서 외친다고 믿음이 생기지 않습니다.

너희는 그 은혜에 의하여 믿음으로 말미암아 구원을 받았으니 이것은 너희에게서 난 것이 아니요 하나님의

선물이라(에베소서 2장 8절).

믿음과 구원은 하나님의 선물입니다. 하나님께서 믿음을 주셔야만 우리는 믿음을 갖게 됩니다.

그런데 매우 중요한 사실이 여기 있습니다. 하나님께서는 이미 당신에게 그 선물을 주시기로 작정하셨습니다. 어떻게 알 수 있냐고요? 여러분이 교회에 나오게 된 것, 그리고 지금 이 책을 펼치고 앉아 있다는 사실, 그것이 그 증거입니다.

하나님께서는 '만남'을 통해 '믿음'을 주시거든요! 당신은 이미 믿음의 사람을 만났고, 교회를 만났습니다. 이제 그 만남을 통해 반드시 하나님을 만나게 되실 것입니다.

오늘 성경공부 첫 시간을 마치며 한 가지만 더 말씀드리려고 합니다. 혹시 '코페르니쿠스적 인식의 전환'이라는 말을 들어보셨는지요?

코페르니쿠스(1473-1543)는 처음으로 지동설(地動說)을 주장한 사람입니다. 지동설은 '지구가 태양 주위를 돈다'는 주장이지요. 지금은 삼척동자도 다 아는 사실이지만 이 주장은 16세기 중반에서야 등장했습니다. 그 이전에는 '태양이 지구를 중심으로 돈다. 그래서 모든 천체의 중심은 오직 지구다'라고 믿었던 것입니다.

'코페르니쿠스적 인식의 전환' 또는 '코페르니쿠스적 혁명'이란 말이 바로 여기에서 생겨났습니다. 이 용어는, 상식과 통념을 완전히 뒤집는 새로운 인식의 전환을 의미합니다. 사람들이 당연하게 여기고 믿는 것이 일시에 부정될 때 사용하는 말이지요.

천동설에서 지동설로의 변화는 인간의 자기중심적 사고를 일시에 깨뜨려버렸습니다. 우주에서 지구가 중심이 아니라 태양이 중심이듯이, 인간 중심적 사고에서 인간을 창조하신 하나님께 눈을 돌리는 계기를 마련해 주었습니다.

천 년이 넘는 긴 세월 동안 모든 사람이 철석같이 믿고 있던 천동설, 그것은 진리가 아니었습니다. 그렇다면 그대가 지금까지 믿고 있던 것들 가운데도 참 진리가 아닌 것이 있지 않을까요?

“상식은 잊으시오. 눈에 보이는 현상이 뭐라고 말하든 잊어주세요. 다른 사람들이 뭐라고 믿든 잊으세요. 상식은 틀렸습니다. 지구는 태양 주위를 돌고 있습니다!”

지동설을 따르던 사람들이 외쳤던 말입니다. 저 역시 오늘 그대에게 이렇게 말씀드리고 싶습니다.

“이 세상이 심어준 가치관이 절대 진리는 아닙니다. 과학과 상식이라는 이름으로 인식 세계에 깊이 새겨진 것들을 무한 신뢰하지는 마십시오!”

앞에서 제가 드린 말씀처럼 믿음은 하나님께서 주시는 선물입니다. 그 선물은 하나님의 말씀에 귀를 기울일 때 주어집니다. 그런 믿음이 주어지면 누구나 ‘코페르니쿠스적 인식의 전환’을 통해 인생 역전을 경험합니다.

하나님께서 당신에게 바로 그 믿음을 주실 것을 기대하며 기도해 보세요. 우리 모두도 당신을 위해 기도하겠습니다!

2.

하나님을 어떻게 알 수 있나요?

궁금하기도 하고 잘 믿어지지 않아요!

교회에 다니며 신앙생활을 하는 것이 솔직히 좀 위험(?)하다는 생각이 들 때가 있습니다. 무슨 말이냐고요? 실제로 이단도 많고요. 또 정상적인 교회에 다니는 사람 중에서도 비상식적인 언행을 하는 사람도 있잖아요. 하나님께 계시를 받았다고 펄펄 뛰는 사람들 말이에요.

그래서 저는 이런 성경공부가 참 좋습니다. 인간의 이성적 사고와 분석적 능력으로 하나님에 대해 알고 싶어요. 저는 맹신주의자나 비상식적인 종교인이 되고 싶지는 않습니다.

인간에게는 '이성'이라는 것이 있잖아요. 하나님이 정말 살아 계시다면 그 이성 역시 그분이 우리에게 주신 것이 아닐까요? 그 이성을 가지고 하나님을 깨달아 가고 싶은 것이지요.

그렇지만 또 어떤 때는 '과연 인간의 이성으로 신을 깨달을 수 있을까?'라는 생각이 들기도 합니다. '자칫하면 인간의 수준에서 신을 상상하고 짐작해서 믿게 되지 않을까?' 하는 의구심이 든다는 것이지요.

➔ 하나님을 알기 위한 방법인 계시, 누구나 받을 수 있고 반드시 받아야 합니다.

맞습니다. 맹신주의자나 비상식적인 언행을 일삼는 교인이 더러 있지요. 하나님께서도 그런 사람을 기뻐하지 않으십니다. 그리고 인간이 갖고 있는 이성적 사고능력 역시 하나님께서 주신 것이 맞습니다.

하지만 인간이 하나님을 알아가는 방법에 대해서는 좀 더 생각해 봅시다.

수많은 종교, 그중에서 참 종교를 찾기란 참 어렵습니다.

이런 옛이야기를 들어보셨는지요. 중국 전국시대에 양자(楊子)라는 사람이 살고 있었습니다. 그는 이웃 사람이 양을 잃어버리고서 수많은 사람을 동원해 찾아 나서자 이렇게 물었습니다.

"양 한 마리를 잃었을 뿐인데 찾아 나서는 사람이 어찌 그렇게 많소?"

양을 잃은 사람이 대답합니다.

"갈림길이 많기 때문이오."

며칠 후에, 양을 찾았냐고 그는 또 물었습니다. 양 주인이 대답합니다.

"찾지 못했습니다. 양을 찾아 나섰는데 갈림길이 있었고, 또 한참을 가다 보니 다시 갈림길이 있었습니다. 그래서 결국 찾지 못하고 되돌아왔습니다."

이 이야기에서 유래한 고사성어가 바로 '다기망양'(多岐亡羊)입니다. '갈림길이 많아서 양을 잃어버렸다'는 뜻이지요.

이 세상에는 수많은 종교가 있습니다. 그 수많은 종교 중 무엇이 진리이고, 무엇이 비진리인지 다 조사하고 연구하여 알기는 어렵습니다. '다기망양'의 고사처럼 말입니다.

설령 인간에게 무한한 시간이 주어진다고 해도 과연 인간이 하나님을 깨달아 알 수 있을까요?

인간이 신(神)을 찾고 연구하여 만날 수 있을까요?

우리 인간이 신을 알아가는 방법에는 두 가지가 있습니다. 인간이 신을 찾아가는 방법이 있습니다. 또 하나는 신이 인간을 찾아오는 방법이지요.

자, 잘 생각해 보세요. 인간이 신을 찾고 연구하여 만날 수 있을까요? 만약 인간이 연구하고 찾아서 알게 된 신이 있다면 그는 이미 신적 존재가 아닐 것입니다. 인간의 이성에 의해 분석되고 발견된 신은 인간 수준에 불과할 것이니까요. 참된 신은 인간이 분석하고 이해할 수 있는 수준, 그 이상입니다.

기독교에서의 하나님은 인간이 이성으로 발견한 신이 아닙니다. 인간이 분석할 수 있는 존재가 아니지요. 그런 차원을 넘어선 참 하나님이십니다.

하나님은 인간에게 자신의 존재를 알게 해주십니다. 그래야 우리 인간은 비로소 하나님을 알게 되지요. 이것을 '계시'(啓示)라고 합니다. 하나님께서는 두 가지 방법으로 자신을 계시해 주셨습니다.

하나는, '일반계시'(一般啓示)입니다.

> 창세로부터 그의 보이지 아니하는 것들 곧 그의 영원하신 능력과 신성이 그가 만드신 만물에 분명히 보여 알려졌나니 그러므로 그들이 핑계하지 못할지니라(로마서 1장 20절).

하나님께서 우주 만물을 창조하시고 그 속에 장엄함과 섬세함, 그리고 형언하지 못할 아름다움을 드러내셨습니다. 들꽃 한 송이 속에도, 창밖의 나무 한 그루 속에도 하나님의 능력이 담겨 있지요. 첨단 과학이 발달한 시대지만 그 어느 누구도 꽃 한 송이를 만들어낼 수는 없습니다. 그러니 우리는 자연계를 통해 창조주의 존재를 느낍니다. 그분의 솜씨를 발견하게 됩니다.

하나님께서는 자연 만물 속에 하나님의 능력과 신성(神性), 곧 신적 능력을 표현해 놓으셨습니다. 그래서 일반계시를 다른 말로 '자연계시'라고도 합니다.

또 다른 한 계시는 '특별계시'(特別啓示)입니다. 자연 만물을 통한 일반계시는 한계가 있습니다. 하나님의 본질과 성품, 인간을 구원하기 위한 계획과 일하심 등을 자세히 알 수는 없지요. 그래서 하나님께서는 자신을 우리에게 드러내시는 또 다른 방법을 사용하셨습니다. 그것이 바로 '성경'을 통해 보여주신 특별계시입니다.

> 내가 네게 여호와를 의뢰하게 하려 하여 이것을 오늘 특별히 네게 알게 하였노니 내가 모략과 지식의 아름다운 것을 너를 위해 기록하여 네가 진리의 확실한 말씀을 깨닫게 하며 또 너를 보내는 자에게 진리의 말씀으로 회답하게 하려 함이 아니냐(잠언 22장 19-21절).

그러므로 우리는 스스로 신을 찾아내려는 노력을 내려놓아야 합니다. 자연계의 아름다운 풀꽃 하나에서도 창조주의 오묘한 솜씨를 느끼면 됩니다. 그리고 나아가 특별히 계시해 주신 성경을 통해 하나님을 깨달아 알게 됩니다. 이것이 타 종교와 구별되는 기독교의 차별성입니다. 위의 말씀에서처럼, '너를 위해 기록하여 네가 진리의 확실한 말씀을 깨닫게' 하시려고 우리에게 성경을 주신 것입니다.

사람은 누구나 '종교성'을 가지고 있습니다.

하나님의 존재를 알 수 있는 간접적인 방법 하나를 더 소개합니다. 우리 인간의 마음속에 하나님께서 심어놓으신 종교성을 주목해 봅시다.

모든 사람은 종교적입니다. 누구나 무엇인가를 믿고 살아갑니다. 신을 믿지 않는 사람들조차도, 사실은 신이 없다는 신념을 믿고 있는 것이지요. 다음 성경 구절은 무척 흥미로운 사실을 전해줍니다.

> **바울이 아레오바고 가운데 서서 말하되 아덴 사람들아 너희를 보니 범사에 종교심이 많도다 내가 두루 다니며 너희가 위하는 것들을 보다가 알지 못하는 신에게라고 새긴 단도 보았으니 그런즉 너희가 알지 못하고 위하는 그것을 내가 너희에게 알게 하리라**(사도행전 17장 22-23절).

아테네 사람들은 여러 신상을 세워놓고 복을 빌었습니다. 그러다 언뜻 걱정이 생겼던 것이지요. '혹시 우리가 미처 알지 못하는 신이 있어서 우리에게 저주를 내리면 어떡하나?' 하는 염려였습니다. 그래서 '알지 못하는 신에게'라고 새긴 제단을 세웠다는 것입니다.

인간이 바로 그런 존재입니다. 신을 섬겨 복을 받으려는 강한 열망을 가지고 있습니다. 반면에 '신으로부터 노여움을 사지 않을까?' 하는 두려움도 함께 가지고 있지요.

과학이 발달하지 못했던 옛날에만 그럴까요? 문명이 발달한 현대에도 마찬가지입니다. 최첨단 과학장비를 생산하는 회사에서도 푸닥거리를 한답니다. 심지어는 우주왕복선을 쏘아 올리기 직전에도 고사(告祀)라는 것을 치른다고 들은 적이 있습니다. 삶은 돼지의 입을 억지로 벌려 빙긋이 웃도록 만들어 놓고, 그 콧구멍에 지폐를 말아 끼워놓고 그 앞에서 복을 빕니다. 이것이 인간의 모습입니다.

이러한 심성을 성경에서는 '종교성'이라고 표현하고 있습니다. 신앙인들은 이를 신의식(神意識)이라고도 말합니다. 신에 대한 의식, 하나님을 추구하려는 마음이 인간에게 기본적으로 내재되어 있는 것입니다. 따라서 이 세상 어디에도 종교와 무관한 나라는 없습니다. 이 세상 어떤 사람도 종교와 무관하지 않습니다.

이 신의식을 주신 분이 바로 하나님이십니다. 하나님께서 주신 신의식을 좇아 하나님의 계시를 받아들이시면 누구나 하나님을 만나게 됩니다!

이쯤에서 당신의 질문을 다시 떠올려 봅니다. 사람들이 가끔 "계시를 받았다"라며 펄펄 뛰는 것을 저도 본 적이 있습니다. 단언컨대 그것은 문제가 있습니다. 개인적 계시, 또는 직통 계시는 성경적이라고 할 수 없습니다.

그리고 인간의 이성적 사고와 분석적 접근으로 하나님에 대해 알려는 의도가 나쁘지는 않습니다. 하지만 그러한 노력은 성경 안에서만 이루어져야 하고, 성경을 통해서만 이루어져야 합니다. 성경이 바로 우리에게 주신 하나님의 계시니까 말입니다.

➔ 우리 삶에 적용하며 기도합시다!

"마음의 문을 여는 손잡이는 문 안쪽에만 있다."

독일의 철학자 게오르크 헤겔(1770-1831)이 한 말입니다. 그렇습니다. 하나님 역시 당신의 닫힌 마음의 문을 마구 부수고 들어가지 않으십니다. 당신이 마음의 문을 열기를 기다리십니다.

> 볼지어다 내가 문 밖에 서서 두드리노니 누구든지 내 음성을 듣고 문을 열면 내가 그에게로 들어가 그와 더불어 먹고 그는 나와 더불어 먹으리라(요한계시록 3장 20절).

고요한 시간을 가지십시오. 가장 겸허한 마음으로 당신의 마음

문을 여십시오. 그리고 하나님께서 당신에게 찾아오시기를 간청드려 보세요.

하나님께서는 사람을 찾고 계십니다. 그 마음에 하나님을 모셔 들이기를 원하는 사람을 지금도 찾고 계십니다. 그러니 진실로 마음의 문을 여시고 간절히 기도하세요. 하나님께서는 반드시 당신에게 찾아오실 것입니다.

이 글을 쓰고 있는 저는 스물일곱 살에 비로소 하나님을 믿게 되었습니다. 대학을 다닐 때는 삶의 진리를 알고 싶은 목마름이 가득했습니다. 그래서 한국대학생불교연합회에서 불경을 공부한 적도 있습니다.

진리에 대한 목마름은 누구에게나 찾아옵니다. 진리를 깨닫고 싶은 마음은 하나님께서 우리에게 주신 것입니다. 그 본능과도 같은 열망으로 어떤 사람은 학문에 심취하고, 어떤 사람은 인간이 만든 종교에 빠집니다.

진리를 찾고 싶을 때 당신의 마음 문을 활짝 여십시오. 그럴 때 바로 하나님께서 당신에게 찾아오셔서 당신의 문을 두드리십니다.

누구나 하나님의 진리를 깨달으면 그분과 첫사랑에 빠집니다. 첫사랑에 빠지면 누구나 시인이 되지요. 젊은 시절, 첫사랑에게 보냈던 시를 당신도 가슴속에 간직하고 계실 것입니다. 주님과 첫사랑에 빠졌던 날, 저는 그날의 감격을 이렇게 적었습니다. 이 글을 지금도 고이 간직하고 있지요.

숲속을 지나온 한 줄기 상큼한 바람
그 바람이 곱게 빗질하는 푸른 풀밭
생명수 흐르는 쉴 만한 물가에서
사랑으로 팔 벌려 안아주신 내 사랑 주님

온 우주가 한 움큼으로 작아져
내 작은 심장 안으로 들어온 날,
뼛속까지 저려 오며 새겨진 주님의 사랑

육신의 세포 한 올 한 올이
베푸신 생명으로 톡톡 일어서고
목말랐던 영혼에 쏟아져 내린 단비
바짝바짝 갈라지던 마음을 두들기던
그 힘찬 생명의 물줄기!

당신에게도 이 벅찬 감격이 있으시길, 이 가슴 설레는 구원의 기쁨이 찾아오기를 기도합니다!

3.

성경에 있는 하나님만 믿으라는 것은 독선 아닌가요?

➔ 궁금하기도 하고 잘 믿어지지 않아요!

학교 다닐 때 배운 것이 생각납니다. 기독교는 유일신을 섬기는 종교라고 배웠습니다. 그런데 실제로는 기독교의 하나님 말고도 이 세상에는 신이 많지 않습니까? 성경에도 하나님 말고 다른 신에 대한 이야기가 많이 나오는 것으로 알고 있습니다.

이 세상에 수많은 나라, 수많은 종족이 있듯이, 종교 역시 엄청나게 많습니다. 그중에서 자신에게 맞는 종교와 신을 선택해서 믿으면 되는 것 아닌가요? 왜 유독 성경에 있는 하나님만 믿으라고 하는 거죠? 너무 독선적이라는 생각을 지울 수가 없습니다. 솔직히 말해, 다른 종교를 인정하지 않는 기독교가 배타적이라는 생각이 듭니다.

➔ 하나님을 알게 되면
진리는 배타적일 수밖에 없다는 사실을 깨닫게 됩니다.

맞습니다. 말씀하신 대로 이 세상에는 수많은 신이 존재합니다. 인간이 만든 우상도 있고, 악령도 있습니다. 성경에서도 사탄, 마귀, 귀신 등이 등장하지요. 그러나 그 모든 영적 존재들은 인간의 영혼을 망가뜨립니다. 가까이해서는 안 되는 존재들입니다.

종교의 창시자는 많아도, 우주 만물의 창조주는
오직 한 분입니다.

기독교는 유일신을 믿습니다. 인간이 믿고 추구해야 할 참 신은 하나님, 단 한 분이므로 그렇게 말하지요.

기독교의 하나님만이 참 신이라는 말이 독선적으로 들릴 수 있을 것입니다. '오직 하나님만이 우리에게 구원을 베푸시는 분'이라는 것 역시 배타적인 말로 들릴 수 있습니다. 충분히 공감합니다. 그러나 하나님이 누구시며 어떤 일을 하신 분인가를 알면 그런 생각은 바뀌게 됩니다.

자, 귀담아 들어보세요!

이 세상의 어떤 종교에서도 이 세상과 인간을 누가, 언제, 어떻게 창조했는지 정확하게 설명하지 못합니다. 그들은 종교의 창시자일 뿐, 이 세상의 창조주가 아니기 때문입니다. 하지만 성경의 첫 장을 펼치면 이런 엄청난 말씀을 만나게 됩니다.

> **태초에 하나님이 천지를 창조하시니라**(창세기 1장 1절).

언제? 태초에. 누가? 하나님이. 무엇을? 천지를. 어떻게? 창조하시니라. 얼마나 정확하고 명료한 말씀입니까?

> **하나님이 자기 형상 곧 하나님의 형상대로 사람을 창조하시되 남자와 여자를 창조하시고 하나님이 그들에게 복을 주시며 하나님이 그들에게 이르시되 생육하고 번성하여 땅에 충만하라, 땅을 정복하라, 바다의 물고기와 하늘의 새와 땅에 움직이는 모든 생물을 다스리라 하시니라**(창세기 1장 27-28절).

또한 하나님께서는 우리 인간을 지으셨다고 선포하십니다. 우리를 창조하신 후 가장 처음 하신 일이 무엇일까요? 위의 성경 말씀에 답이 있습니다. 복을 주셨습니다. 그 복은 무엇일까요? 창조주의 권위를 위임받아 이 땅을 다스리는 복입니다. 그뿐만이 아닙니다.

두려워하지 말라 내가 너와 함께함이라 놀라지 말라 나는 네 하나님이 됨이라 내가 너를 굳세게 하리라 참으로 너를 도와주리라 참으로 나의 의로운 오른손으로 너를 붙들리라(이사야 41장 10절).

우리 인간을 지으신 그분은 우리와 함께하십니다. 우리를 도와주시고, 붙들어 주신다고 약속하십니다. 우리를 지으신 전능하신 하나님께서 그렇게 말씀해주셨으니, 그 말씀이 정말로 마음에 믿어진다면 그 사람은 얼마나 행복한 인생이 될까요? 그 사람은 분명히 복된 삶을 누리게 됩니다.

부모가 자식을 사랑하는 그 사랑으로
하나님은 우리를 사랑하십니다.

하나님께서는 무슨 이유로 우리를 그토록 사랑하실까요? 그분은 우리를 지으신 분이기 때문입니다. 그래서 부모가 자식을 사랑하는 바로 그 사랑으로 하나님은 우리를 사랑하십니다.

오래전, 저는 초등학생이었던 제 아들을 잃어버린 경험이 있습니다. 눈이 내리는 설악산에서 말입니다. 다행히 몇 시간 만에 찾아서 다시 만났지만 그 기억은 지금도 선명합니다. 아이를 찾아야 한다는 간절한 마음에 보태지던 고통과 당황스러움, 그것은 마치 저의 생명이 위태로운 것 이상의 고통이었습니다.

여러분도 혹시 비슷한 경험이 있으신지요? 부모가 자식을 잃고 찾아 헤매는 심정, 그 마음을 어떻게 말로 표현할 수 있겠습니까.

바로 그 안타까움과 애절함, 그 사랑으로 하나님은 당신을 지금까지 찾으셨습니다. 그리고 지금 이 자리에 이른 당신을 이렇게 사랑하십니다.

> 여인이 어찌 그 젖 먹는 자식을 잊겠으며 자기 태에서 난 아들을 긍휼히 여기지 않겠느냐 그들은 혹시 잊을지라도 나는 너를 잊지 아니할 것이라(이사야 49장 15절).

우리를 사랑하시는 하나님은 또한 우리를 다스리십니다. 이 땅에 사는 우리 인생은 하나님의 다스림을 받습니다. 하나님의 다스림, 곧 통치하심은 우리를 강압적으로 지배하시는 것이 아닙니다. 사랑으로 우리를 돌보시는 것입니다. 그러므로 우리는 하나님을 이렇게 송축(頌祝, 기리고 기뻐함)할 수 있습니다.

> 여호와의 지으심을 받고 그가 다스리시는 모든 곳에 있는 너희여 여호와를 송축하라 내 영혼아 여호와를 송축하라(시편 103편 22절).

하나님의 사랑을 온 마음으로 받아들이시고, 그분의 다스림 안에 들어가지 않으시겠습니까. 그 길은 행복의 길입니다. 감사와 기쁨의 삶이 시작되는 첫 관문입니다.

➔ 우리 삶에 적용하며 기도합시다!

이 세상에는 수많은 종교가 있습니다. 그런데 기독교에서의 하나님을 믿고, 그 사랑을 경험해 보면 기독교는 종교가 아니라는 생각이 듭니다.

수없이 많은 종교 중 하나인 기독교를 내가 선택해서 믿게 된 것이 아니라는 말씀입니다. 앞서 말씀드린 대로, 신앙이란 이 우주를 만드시고 나를 창조하신 그분을 믿고 따르는 것입니다.

이 세상에 하나님 같은 분은 없으십니다. 성경에 계시된 하나님 외에는 참 신이 없습니다. 우리 육신의 아버지가 오직 한 분이듯, 우리 영의 아버지 역시 오직 한 분이시지요. 옆집 아저씨가 당신의 아버지가 될 수 없듯이, 이 세상에 있는 다른 신들이 당신 영혼의 아버지가 될 수 없지요.

그러므로 기독교는 독선으로, 배타적으로 보일 수밖에 없습니다. 진리는 배타적 성격을 갖고 있습니다. 진리는 비진리를 배타합니다.

종교 다원주의(religious pluralism)란 말을 들어보셨지요? 사전에서는 이렇게 정의합니다.

"사회에 공존하는 종교의 다양성을 인정하는 태도나 원리를 말한다. 절대적인 진리의 배타성보다는 다양성을 인정하는 점에서 포스트모더니즘의 전형적인 종교철학이다."

다양성을 인정하는 것은 옳습니다. 사회생활이나 인간관계에서 나와 다른 남의 가치관을 인정해야 합니다. 그러나 신앙만큼은 다원주의가 절대로 옳지 않습니다.

이것도 옳고 저것도 옳은 것은 진리가 아닐 가능성이 많습니다. 우리는 종교를 믿는 것이 아닙니다. 우리를 지으신 하나님 아버지 한 분을 믿고 따르는 것입니다.

다음 성경 말씀을 천천히 읽어보십시오. 마음의 문을 활짝 여시고 다시 천천히 두 번, 세 번, 거듭거듭 읽어보실 것을 권합니다. 당신의 마음이 하나님의 사랑으로 뜨거워질 것입니다.

> **너의 하나님 여호와가 너의 가운데에 계시니 그는 구원을 베푸실 전능자이시라 그가 너로 말미암아 기쁨을 이기지 못하시며 너를 잠잠히 사랑하시며 너로 말미암아 즐거이 부르며 기뻐하시리라 하리라**(스바냐 3장 17절).

당신을 창조하신 하나님, 그분은 당신이 돌아오기를 오래 기다리셨습니다. 그리고 지금 이 자리에 오신 당신으로 말미암아 기쁨을 이기지 못하십니다. 당신을 잠잠히 사랑하십니다.

당신이 하나님 앞에 돌아온 것이 기뻐서 노래까지 부르십니다. 그 노래를 믿음의 귀로 느껴보시길 바랍니다. 그대를 축복하며 기도합니다!

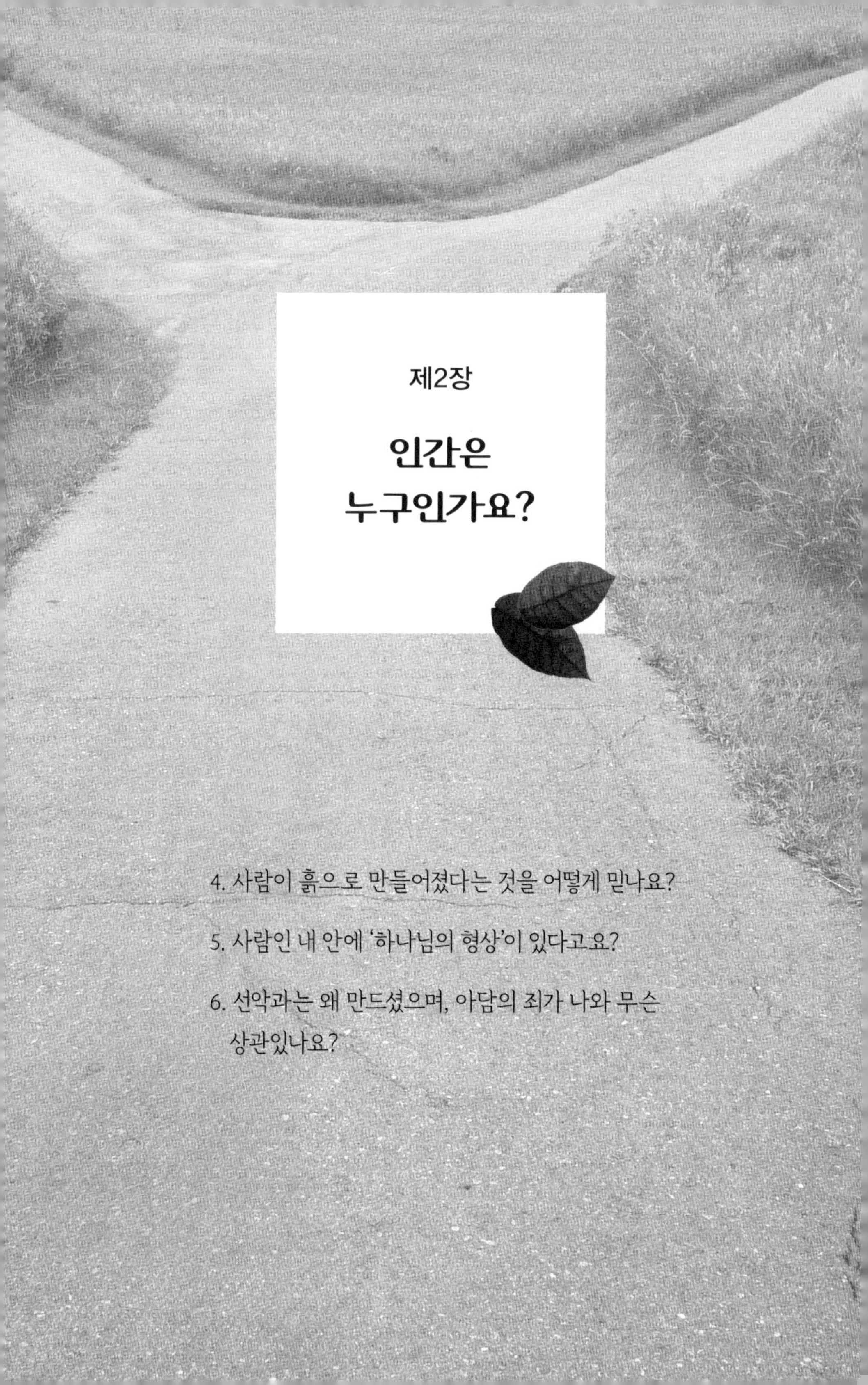

제2장

인간은 누구인가요?

4. 사람이 흙으로 만들어졌다는 것을 어떻게 믿나요?

5. 사람인 내 안에 '하나님의 형상'이 있다고요?

6. 선악과는 왜 만드셨으며, 아담의 죄가 나와 무슨 상관있나요?

4.

사람이 흙으로 만들어졌다는 것을 어떻게 믿나요?

➔ 궁금하기도 하고 잘 믿어지지 않아요!

신앙인들은 성경을 진리의 말씀이라고 합니다. 저도 그렇게 믿고 싶습니다. 그러나 솔직히 말해 성경이 비현실적인 신화처럼 느껴질 때도 있습니다.

하나님이 땅의 흙으로 인간을 만들었다는 것을 들을 때도 그런 생각이 듭니다. 그리고 그 흙으로 된 사람의 코에 생기를 불어넣으니 생명체가 되었다는 것 역시 납득이 되지 않습니다. 그렇습니다. 납득, 바로 그것입니다. 이해가 되고 수긍이 되어야 믿어질 것 아닙니까?

➔ 좀 더 자세히, 좀 더 정확히 이해하시면 진리의 말씀으로 믿어지실 것입니다.

어떤 사이비 종교 교주가 하나님께 도전장을 냈습니다.

"나도 인간을 만들 수 있소이다!"

그의 호언장담을 듣고서 하나님은 이렇게 말씀하셨답니다.

"그래? 그렇다면 내가 아담을 만들 때와 똑같은 방법으로 인간을 만들어 보거라."

교주는 자신만만한 표정으로 흙을 집어 들었습니다. 그때 갑자기 하나님께서 외쳤습니다.

"잠깐, 잠깐! 야, 내 흙 가지고 만들지 말고 네 흙으로 만들어!"

좀 썰렁한가요? 제가 만든 유머가 아니고요, 어떤 책에서 읽은 내용입니다.

인간이 아무리 하나님을 흉내 내려 해도 그것은 '창조'(create)가 될 수 없지요. 다만 있는 재료를 가지고 '제작'(make)하는 것에 불과하지요. 더구나 인간이 생명을 창조할 수 없다는 것은 두말할 필요조차 없습니다.

사람의 육체는 이 땅에 있는 소재로 만들어졌습니다.

성경에서는 인간이 흙으로 만들어졌다고 기록되어 있습니다. 당신은 자신의 몸을 만져보고, 저 땅의 흙을 바라보면서 고개를 가로저을 것입니다. 서로 비슷한 점이 전혀 없기 때문이지요.

> **여호와 하나님이 땅의 흙으로 사람을 지으시고 생기를 그 코에 불어넣으시니 사람이 생령이 되니라**(창세기 2장 7절).

그러나 성경에 기록된 '흙'은 우리가 밟는 그 '흙'이 아닙니다. 서양인들이 많이 읽는 NIV 성경에는 우리말 '흙'에 해당되는 단어를 'dust of the ground'라고 표현합니다. 즉 '땅에 있는 먼지'라는 의미지요. 성경을 기록한 언어인 히브리어로는 '아파르'란 단어가 사용되고 있는데, 이 역시 먼지, 티끌, 허무한 존재 등의 뜻을 가지고 있답니다.

요약하여 말씀드리면, 인간의 몸은 티끌이나 먼지와 같은 보잘것없는 소재로 지음 받았다는 뜻입니다. 훅 불면 날아갈 수밖에 없는 허무한 것이 인간입니다. 그러므로 누구나 육체의 생명이 끝나면 우리 몸은 땅으로 되돌아가는 것입니다.

티끌 같은 육체 속에 하나님의 생명이 담겨 있습니다.

하나님의 말씀이 여기서 끝난다면 인간은 정말 허무하고 무가치한 존재가 되고 말 것입니다. 우리 몸은 '물질'인 티끌로 만들어졌지만 그 속에 하나님의 '생명'이 담겨 있습니다.

하나님께서 '생명의 호흡'(breath of life)을 그 코에 불어 넣으셔서 우리는 비로소 '생령'(生靈, 살아 있는 생명, living being)이 된 것입니다. 생령을 다르게 표현하면 '영혼을 가진 인간'이라고 할 수 있지요.

그런 까닭에 우리는 더 이상 먼지나 티끌 같은 존재가 아닙니다. 하나님의 존귀한 걸작품입니다. 하나님께서 주신 생명을 받아 누리는 신령한 존재입니다.

요약하면, 인간의 몸은 지상의 자원으로 만들어졌고, 인간의 영혼은 천상의 자원으로 창조되었습니다. 그래서 육신은 지상의 자원을 공급받아야 살 수 있습니다. 반면 우리 영혼은 천상의 자원을 공급받아야 살 수 있습니다. 천상의 자원이란 다름 아닌 하나님의 말씀, 또는 하나님과의 교제입니다.

우리는 창조자이신 하나님과 교제하는 존재입니다.

사람들이 신을 섬기는 모습을 관찰해보세요. 자신이 믿는 신을 어르고 달래서 복을 받기 위해 치성을 드립니다. 그리고 원하는 복을 받으면 그것으로 그만입니다. 그 신과 교제하고 사랑하며 동행하지 않습니다.

하지만 하나님과 우리 사이는 다릅니다. 그분은 우리의 창조자이십니다. 그분은 우리와 사귀기를 원하십니다. 우리와 사랑을 나누기를 원하십니다. 세상 끝 날까지 우리와 항상 함께하겠다고 약속하셨습니다. 우리를 창조하신 분이시기 때문입니다.

이러한 '사귐'과 '사랑'과 '동행'이 실제로 신자의 삶 속에서 이루어집니다. 그것이 바로 '신앙생활'입니다. 신앙생활은 곧 천상의 자원을 공급받는 과정이지요.

반면에, 하나님과의 교제가 끊어지면 우리는 먼지처럼 허무한 존재가 되어 버립니다. 세상 사람들이 살아가는 모습을 주목해 보세요. 대개 사람들은 더 많이 소유하기 위해, 더 높은 지위에 오르기 위해 동분서주합니다. 그런데 그런 욕망이 채워졌을 때 사람들이 진정 행복해하던가요?

"내 영혼은 필라멘트가 끊어진 전구처럼 공허하다."

노벨문학상을 받은 어니스트 헤밍웨이(1899-1961)가 자살 직전에 남긴 말입니다. 명성과 재산은 그의 영혼에 만족감을 주지 못했던 것입니다.

"모든 사람들의 마음속에는 공백이 있다. 그것은 오직 하나님만이 채울 수 있다."

이 말은 프랑스 사상가 파스칼(1623-1662)의 말입니다. 마치 헤밍웨이가 자살한 이유를 가르쳐 주는 듯하지 않습니까?

그렇습니다. 인간이 하나님을 만나기 전에는 참 평안을 누릴 수 없습니다! 그분은 우리를 지으신 분이시기 때문입니다. 육체를 만드시고, 그 속에 하나님의 영을 부어주신 분이 하나님이시기 때문입니다.

➔ 우리 삶에 적용하며 기도합시다!

아프리카 남부의 칼라하리 사막에는 독특한 산양이 살고 있습니다. 스프링북(springbok)으로 불리는 이 산양은 대개 20여 마리씩 모여 풀을 뜯습니다.

고요한 가운데 천천히 이동하면서 풀을 뜯어 먹다가, 무리의 뒤쪽에 있는 산양들이 풀을 차지하려고 앞쪽으로 비집고 들어갈 때 문제가 생깁니다. 뒤에 있던 산양들이 앞으로 치고 들어가면, 앞서가던 무리는 이에 지지 않으려고 뛰기 시작합니다.

앞에서 뛰면 뒤에 있는 산양들도 뛰기 시작합니다. 뒤에서 쫓아오니까 앞에서 뛰고, 앞에서 뛰니까 뒤에서도 뜁니다. 결국 양떼는 전속력으로 달리게 됩니다. 가쁜 숨을 몰아쉬며 맹렬히 달립니다. 숨가쁜 질주가 계속됩니다.

왜 뛰는지, 어디를 향해 뛰는지 생각할 겨를이 없습니다. 남이 뛰니까 나도 뜁니다. 뛰어야 뒤떨어지지 않으니 달리고 또 달립니다. 질주하던 양떼는 초원을 지나고 사막을 건너 마침내 해안에 도달합니다. 바다를 향해 깎아지른 듯한 해안단구, 그 절벽에 이른 양떼는 차례로 바닷속으로 빠져듭니다. 순간적으로 멈출 수 없기 때문입니다. 뒤에서 밀어붙이는 힘에 의해 결국 모두 절벽에 떨어져 버립니다.

그것으로 그뿐, 잠시 후 바닷가에는 양들의 시체만이 파도에 휩쓸리며 나뒹굽니다. 무분별한 질주의 끝은 그렇게 허망하게 끝나고 맙니다.

왜 뛰어야 하는지, 어디를 향해 달리는지 생각해 볼 여유도 없이 숨 가쁘게 질주하는 양떼의 모습에서 당신은 무엇을 봅니까? 왜 사는지, 무엇을 위해 살아가는 것인지 생각해 볼 여유 없이 앞만 보고 달려가는 현대인들의 모습과 흡사하지 않습니까?

당신에게도 그럴 때가 있었을 것입니다. 숨 가쁘게 내닫는 이 세상살이가 허망하고 무의미하게 여겨질 때 말입니다. 하나님을 떠난 인생은 누구나 그런 때를 경험하지요.

당신은 생존경쟁의 저 거친 벌판에서 허덕이며 살다가 이 세상을 끝낼 그런 존재가 아닙니다. 그러므로 때때로 그런 허무와 허탈을 경험하는 것입니다. 그때가 바로 이 맹목적인 질주에서 멈춰 서야 하는 기회입니다. 그리고 당신의 창조주께 돌아가야 합니다.

당신은 적어도 하나님께서 친히 불어 넣어주신 영혼을 소유한 분이십니다. 하나님과 교제하며 그 사랑을 받아 누려야 비로소 행복을 느끼게 되는 존재로 지음 받았습니다.

> 나를 사랑하는 자들이 나의 사랑을 입으며 나를 간절히 찾는 자가 나를 만날 것이니라(잠언 8장 17절).

부디 간절히 하나님을 찾는 자가 되시길 축복합니다. 그러면 하나님께서 당신을 만나주실 것입니다. 하나님은 당신을 지으신 분이기 때문에, 당신을 지극히 사랑하시기 때문에 꼭 만나주실 것입니다!

다음의 성경 말씀을 거듭해서 읽으십시오. 그리고 함께 기도합시다. 그대의 가슴에 하나님의 사랑이 깊이 깨달아지기를 기도합니다.

> 하나님이 우리를 사랑하시는 사랑을 우리가 알고 믿었노니 하나님은 사랑이시라 사랑 안에 거하는 자는 하나님 안에 거하고 하나님도 그의 안에 거하시느니라(요한1서 4장 16절).

5.

사람인 내 안에 '하나님의 형상'이 있다고요?

➔ 궁금하기도 하고 잘 믿어지지 않아요!

사람의 내면에 '하나님의 형상'이 있다는 말은 또 뭔가요? 솔직히 제 내면을 들여다보면 온갖 세속적 욕망이 가득합니다. 저만 그런가요? 이 세상은 온통 죄악과 폭력, 인간의 이기심으로 얼룩져 있습니다. 그런데 인간에게 하나님의 형상이 있다는 말은 공감이 되지 않습니다. 지적으로 동의하기도 어렵고 또 감정적으로도 그런 느낌이 전혀 들지 않습니다.

그리고 '하나님의 형상'이라는 말도 이해가 되지 않네요. 모순적인 표현 같기도 하고요. 하나님은 눈에 보이지 않는 분인데 하나님의 형상이라니 무슨 뜻인지 모르겠습니다.

➔ 우리 안에는 존귀한 하나님의 형상이 있습니다. 그러나 안타깝게도…

참 좋은 질문입니다. 제가 좋은 질문이라고 한 것은, 사실 이 문제는 신앙생활을 오래 하신 분들도 궁금함을 풀지 않고 그냥 넘어가 버리는 경우가 많기 때문입니다. 그뿐만 아니라 성경을 연구하는 신학자들 사이에서도 다양한 주장이 있는 부분입니다.

그러니 좀 어렵게 느껴지는 것도 당연합니다. 하지만 그 의미를 정확하게 마음에 새겨둘 필요가 있는 중요한 개념입니다. 다시 말씀드리지만 참 중요한 질문을 하셨습니다.

'하나님의 형상'은 곧 하나님의 본질을 말합니다.

창세기에는 이렇게 기록되어 있습니다.

하나님이 자기 형상 곧 하나님의 형상대로 사람을 창조하시되 남자와 여자를 창조하시고(창세기 1장 27절).

먼저 하나님은 눈에 보이지 않는데, '하나님의 형상'이란 표현이 어떻게 가능한가를 생각해봅시다.

국어사전에 보면, '형상'은 다음 두 가지 뜻이 있습니다.

1. 사물의 생긴 모양이나 상태
2. 마음과 감각에 의하여 떠오르는 대상의 모습을 떠올리거나 표현함

당연히 성경에서의 '형상'은 2번의 의미를 갖고 있지요. 좀 더 쉽게 설명할게요. 하나님의 형상은 '하나님의 본질' 또는 '속성'으로 이해하면 좋습니다. 그러니까 우리 인간의 내면에는 하나님의 본질, 또는 속성이 담겨 있다는 뜻이 되지요.

한편 '속성'을 '반영'이라고 보는 견해도 있습니다. 이 경우, 인간은 창조주이신 하나님을 '반영'하도록 지음을 받았다는 뜻이 됩니다. 인간은 하나님을 반영할 때 가장 인간다운 인간이 된다는 의미로 해석할 수 있는 근거가 되지요.

하나님은 의로우시고 진리시며 거룩한 분이십니다.

자, 그렇다면 이제는 하나님의 본질이나 속성이 무엇인가를 생각해 볼 차례입니다. 하나님은 여러 가지 속성을 가지고 있습니다. 그 중 몇 가지만 말씀드려 보겠습니다.

하나님을 따라 의와 진리의 거룩함으로 지으심을 받은 새 사람을 입으라(에베소서 4장 24절).

이 말씀에서 알 수 있듯이, 하나님은 '의로움'과 '거룩함'의 속성을 갖고 계십니다. 이러한 하나님의 형상, 곧 그 속성대로 인간을 창조하셨으니 우리 인간의 내면에도 이런 속성이 있다는 것이지요.

먼저, 의로움에 대해 생각해 봅시다. 하나님은 의로우신 분이십니다. 성경에서는 이를 하나님의 공의(公義)라고도 표현하지요. 우리 인간도 하나님의 본질을 따라 의로움을 가진 존재로 창조되었습니다. 인간의 도리를 다하며 정의롭게 살고 싶은 마음이 인간 내면에 있다는 것이지요. 그래서 불의를 보면 의분이 생깁니다. 정의로운 일을 하면 만족감을 느끼게 되는 것입니다.

그리고 하나님은 거룩한 분이십니다. '거룩하다'란 말의 원어적 의미는 '구별되다'라는 뜻입니다. 하나님께서는 이 세상 만물과 구별되셔서 성스럽고 위대한 분이십니다. 우리 인간 역시 거룩하신 하나님의 성품대로 창조되었지요. 그래서 인간의 내면에는 진리를 추구하며 거룩하게 살고 싶은 속성이 있습니다. 무신론자들도 대부분 죄짓는 것은 근본적으로 싫어합니다. 또 죄를 지으면 양심의 가책을 느끼게 되지요. 이것은 하나님이 우리에게 거룩함의 속성을 불어넣어 주셨기 때문입니다.

또한 하나님은 그 자체로 사랑이십니다. 그분은 우리를 지으셨고,

이 땅 위에 온갖 좋은 것들을 창조해 놓으셨습니다. 우리를 사랑하셔서 말입니다.

> **사랑하지 아니하는 자는 하나님을 알지 못하나니 이는 하나님은 사랑이심이라**(요한1서 4장 8절).

하나님께서 가지신 이 사랑의 속성은 우리 인간의 내면에 그대로 투영되어 있습니다. 그래서 사람들은 누구나 사랑에 대한 강렬한 욕구를 갖게 되지요. 많은 재물과 높은 명성이 인간을 참된 행복으로 이끌지 못합니다. 사랑하고 사랑받지 못하면 우리 영혼은 곧 시들어 버립니다. 마치 물을 공급받지 못한 화초처럼 말입니다.

이처럼 우리 삶에 필수적인 사랑은, 하나님과의 관계에서도 필수적입니다. 하나님께서는 우리 인간과 사랑의 관계를 갖기 원하십니다. 그렇습니다. 사랑은 깊은 관계와 진정한 사귐의 원천이 됩니다. 하나님과의 깊은 사랑은 인간에 대한 사랑으로 이어집니다. 그리고 인간에 대한 사랑을 실천함으로써 하나님 사랑의 본질을 깨닫게 됩니다. 그렇습니다. 우리는 그렇게 사랑하고, 사랑받으며 살아가도록 창조되었습니다. 이는 하나님의 속성입니다.

하나님은 우리를 다스리시며, 우리 또한 만물을 다스립니다.

하나님의 속성을 한 가지만 더 소개하려고 합니다. 하나님은 우리를 다스리시는 분이십니다.

> 시온아 여호와는 영원히 다스리시고 네 하나님은 대대로 통치하시리로다 할렐루야(시편 146편 10절).

그렇습니다. 하나님께서는 이 우주 만물을 창조하시고 그 지으신 세계를 다스리십니다. 하나님께서는 이 '통치의 속성'을 우리 인간에게도 불어넣어 주셨습니다.

> 하나님이 그들에게 복을 주시며 하나님이 그들에게 이르시되 생육하고 번성하여 땅에 충만하라, 땅을 정복하라, 바다의 물고기와 하늘의 새와 땅에 움직이는 모든 생물을 다스리라 하시니라(창세기 1장 28절).

그래서 우리 인간은 만물의 영장으로서 이 세상의 온갖 존재들을 다스리는 권세를 갖게 되었습니다. 통치의 권세가 주어진 것이지요.

여기서 오해하기 쉬운 단어인 '정복하라'에 대해 잠시 살펴보고 넘어가겠습니다.

성경에서의 정복은, 신대륙에 첫발을 내딛은 백인들이 원주민을 무력으로 몰아내고 그 땅을 차지했던 그런 정벌을 의미하지 않습니다. 점령군처럼 짓밟으라는 뜻이 아닙니다. 하나님께서 이 세상을 사랑으로 아름답게 다스리듯이 우리도 그렇게 하라는 말씀입니다. 그래서 흔히 이 말씀을 '문화 명령'이라고 하지요.

하나님께서는 이러한 통치의 속성을 갖고 계시며 그것을 우리 인간에게도 불어넣어 주셨습니다. 참 감사한 일입니다!

➔ 우리 삶에 적용하며 기도합시다!

이쯤에서 당신은 앞에서 한 질문을 떠올릴 것 같습니다.

우리 내면을 들여다보면 온갖 세속적 욕망이 들끓고 있는 것이 사실이지요. 그래서 하나님의 형상이 우리 내면에 있다는 말에 동의하기 어렵다는 말씀을 하셨지요. 사람의 내면에 '하나님의 형상'이 정말 있다면 인간 역시 하나님처럼 엄청나게 위대해야 할 텐데, 왜 '요 모양 요 꼴'일까요? 항변에 가까운 당신의 그런 질문이 들리는 듯합니다.

맞습니다. 잘 보셨습니다. 우리 인간의 내면에 있는 '하나님의 형상'인 '의로움'과 '거룩함', 그리고 '사랑'과 '통치의 속성'은 산산이 깨어져 버렸습니다. 인간의 죄악 때문이지요. 참 안타까운 일입니다.

그 결과 이 세상은 온갖 부정부패로 얼룩져 있습니다. 사람들은 끝 간 데 없는 욕망을 채우기 위해 동분서주합니다. 온갖 피조물을 다스리고 정복하기는커녕 오히려 돈에 정복당하고, 쾌락의 노예가 된 모습입니다.

"돈은 인간에게 최선의 종이면서 동시에 최악의 주인이다."

프랜시스 베이컨(1561-1626)의 말입니다. 인간이 물질을 잘 다스리지 못한 결과 오히려 다스림을 받는 형국이 되어버렸습니다.

인간은 마땅히 사랑해야 할 하나님을 사랑하지 않고, 물질을 더 좋아합니다. 그래서 지배해야 할 물질에 오히려 지배당해 버렸습니다. 왜 그렇게 되었을까요? 인간의 이런 불행의 근원은 어디에서 시작된 것일까요?

> 오직 너희 죄악이 너희와 너희 하나님 사이를 갈라놓았고 너희 죄가 그의 얼굴을 가리어서 너희에게서 듣지 않으시게 함이니라(이사야 59장 2절).

참 안타까운 일이지요. 인간의 죄악으로 하나님과 우리 사이에 담이 생긴 것입니다. 그 결과 우리 속에 있는 하나님의 형상이 파괴된 것이고요. 그리하여 인간은 하나님과의 사귐이 끊어져 버렸습니다.

하지만 하나님은 우리를 사랑하시되 끝까지 사랑하십니다. 하나님께서는 하나님을 떠난 인간을 위한 처방전을 갖고 계십니다. 죄악으로 막힌 담을 허물어주실 기막힌 해결책을 예비해 놓으셨습니다.

당신이 그 사랑을 진정 알게 되시길 바랍니다. 그 사랑의 처방전이 무엇인지 궁금하지 않으십니까? 다음 6과에서 확실히 알게 되실 것입니다.

그 사랑의 처방전에 따라 하나님의 형상을 회복하시길 기도합니다!

6.

선악과는 왜 만드셨으며, 아담의 죄가 나와 무슨 상관있나요?

➔ 궁금하기도 하고 잘 믿어지지 않아요!

교회 다니는 분들이 전도하는 모습을 보면 정말 이해가 안 될 때가 있었어요.

'자기가 믿는 종교를 소개하려면 좀 고상하고 솔깃한 이야기를 해야지, 왜 하필 죄인, 회개, 심판, 예수의 피 등 불쾌감을 주는 말들을 늘어놓을까?'

솔직히 그런 생각을 자주 했습니다. 그런데 교회에 등록하고 예배에 참석하면서 그런 생각이 조금은 엷어졌습니다.

하지만 인간의 죄에 대한 설교를 들으면서 또 다른 의문이 생겼습니다. 의문이라기보다 억울함이라는 말이 더 적절할지 모르겠네요. 두 가지만 말씀드리겠습니다.

첫째는, 하나님은 왜 에덴동산에 선악과를 만들어 두셨냐는 것입니다. 그걸 만들어 놓지 않았다면 인간이 그 열매를 따 먹지 않았겠지요. 솔직히 하나님이 원인 제공자 같다는 생각이 들어요. 아담과 하와에게 범죄를 저지를 수밖에 없는 환경을 만드신 것 아닌가요?

둘째는, 아담의 범죄가 왜 지금의 나에게까지 흘러온다는 건가요? 선악과를 따 먹은 그 한 사람의 범죄로 인류 전체가 원죄(原罪)를 갖게 되었다니 도무지 납득하기 어렵습니다. 그것이 만약 사실이라면 저는 너무 억울하다는 생각이 듭니다.

➔ 억울함이 풀려서 그대를 위한 '영혼의 진단서'로 받아들여지기를!

그런 궁금함을 갖고 있군요. 의문이 의혹을 넘어서서 억울하다는 생각까지 하게 되셨네요. 그만큼 이 문제를 깊이 생각해 보신 듯합니다.

누군가에게 비슷한 항변을 들어본 적이 있습니다. "기독교인들은 왜 멀쩡한 사람에게 죄라는 올가미를 씌워 자기들이 신봉하는 하나님 앞으로 끌고 가려 하는가?" 하는 불만 말입니다.

선악과는 인간이 자기 자리를 지키며
행복하게 살도록 배려하신 울타리입니다.

정말 궁금할 것 같습니다. 하나님께서 에덴동산에 선악과를 만들어 두신 이유 말입니다.

> 여호와 하나님이 그 사람에게 명하여 이르시되 동산 각종 나무의 열매는 네가 임의로 먹되 선악을 알게 하는 나무의 열매는 먹지 말라 네가 먹는 날에는 반드시 죽으리라 하시니라(창세기 2장 16-17절).

하나님께서는 인간이 행복하게 살도록 에덴을 창조하셨습니다. 그리고 모든 열매를 마음대로 먹으라고 말씀하셨지요. 그러나 '선악을 알게 하는 나무의 열매'는 먹지 말라고 하셨습니다.

당신의 의문처럼 왜 하나님은 인간이 하나님의 명령을 어길 가능성을 열어 두셨던 걸까요? 그 의문을 해결하기 위해서 먼저 생각해야 할 것이 있습니다. 도대체 이 '선악을 알게 하는 나무'가 의미하는 것은 무엇일까, 바로 그것입니다.

'선악을 알게 하는 나무'는 인간과 하나님의 경계, 또는 지표입니다. 하나님께서 인간을 지으신 창조주라는 사실, 그리고 인간은 피조물이라는 것을 명심하며 살도록 하려는 조치였지요. 다시 말해, 인간은 선과 악에 대한 최종적 판단자가 아니라는 사실을 일깨워서 하나님의 절대 주권을 인정하도록 하신 것입니다. 그래서 그 나무의 이름도 '선악을 알게 하는 나무'인 것입니다.

그러기에 선악과는 인간을 인간답게 살게 하기 위한 축복의 산물입니다. 인간의 참된 행복은 인간의 한계를 깨달을 때 보장됩니다. 인간은 자신의 자리를 지키며 울타리 안에서 살아갈 때 참된 행복을 누리게 됩니다. 또한 하나님의 영역을 침범하지 않는 것이 인간의 도리이고요. 그럴 때 창조주 하나님의 보호하심을 받으며 살아가게 됩니다.

그런데 아담은 하나님 말씀보다 사탄의 말을 더 신뢰했습니다. 그리고 그 열매를 따 먹었습니다. 중대한 범죄를 저지른 것이지요.

선악과를 따 먹은 것은 가볍게 여길 일이 아닙니다. 어릴 적 남의 과수원 곁을 지나다가 복숭아 하나를 따 먹은 것을 연상해서는 안 되지요. 선악과를 따 먹은 것은, 하나님의 영역을 침범하는 행위입니다. 인간이 하나님처럼 되려는 엄청난 죄를 저지른 것입니다.

지금 이 시대를 살아가는 우리 역시 마찬가지입니다. 하나님을 믿는 것, 그분의 주권을 인정하는 것으로부터 인간의 행복이 시작됩니다. 인간은 이 세상 만물의 주인이 아닙니다. 하나님께서 지으신 것을 위임 받아 다스리고 있는 청지기입니다.

선악과를 따 먹는 일에 비견할 수 있는 일이 오늘날에도 일어나고 있습니다. 하나님을 떠난 인간이 과학의 힘을 빌려 하나님의 영역을 침범하려는 시도가 바로 그런 것입니다. 인간을 복제하려는 시도나 생명체를 만들어 내려는 연구 등은 인간의 한계를 벗어난 것입니다. 만일 그런 시도가 현실이 되어 나타난다면 이 세상은 행복한 낙원이 될까요? 그렇지 않습니다. 인류는 결국 큰 불행에 빠져들 것입니다.

아담의 범죄가 나에게까지? 신앙에도 연좌제가 있나요?

선악과를 따 먹은 아담의 범죄가 왜 지금 우리에게까지 유전되는가에 대해 생각해 봅니다.

> **그러므로 한 사람으로 말미암아 죄가 세상에 들어오고 죄로 말미암아 사망이 들어왔나니 이와 같이 모든 사람이 죄를 지었으므로 사망이 모든 사람에게 이르렀느니라**(로마서 5장 12절).

이 말씀에서 '한 사람'은 바로 아담을 가리키지요. 그가 하나님의 말씀을 어겼으므로 이 불순종의 죄가 아담 이후에 태어난 모든 사람의 죄가 되었다는 말씀입니다. 그것을 원죄(原罪)라고 합니다.

이를 두고 신앙에도 연좌제(緣坐制)가 있냐면서 따지듯 묻는 사람을 만난 적이 있습니다. 연좌제란, 어떤 사람이 범죄를 저질렀을 때 그 사람과 관련 있는 사람에게 연대 책임을 묻던 제도를 말합니다.

신앙의 세계에서는 이를 '대표성의 원리'라고 합니다. 아담은 모든 인류의 대표자로 세워졌던 것이지요. 모든 인류는 아담의 후손입니다. 따라서 하나님께서 아담과 언약을 맺을 때 아담 이후의 모든 인류와 약속을 하신 것입니다. 그래서 아담이 지은 죄는 그 후손에게 그대로 전가(轉嫁)되어 죄가 유전되는 것입니다.

이러한 대표성의 원리에 의해 모든 인간은 원죄를 갖고 태어납니다. 아담이 죄를 범한 이후 모든 인간은 자신의 의지와는 상관없이 죄성을 갖게 된 것이지요. 원죄를 지닌 인간은 그 마음에 하나님을 모시기 싫어하는 상태로 태어나, 온갖 죄를 저지르며 삽니다(로마서 1장 28절). 그래서 인간은 하나님께서 지극히 사랑하시는 '사랑의 대상'에서 '본질상 진노'의 자녀가 되어버렸습니다(에베소서 2장 3절).

인간의 내면을 깊이 들여다보십시오. 죄에 대한 욕망이 깊이 뿌리박혀 있는 것을 부인할 수 없을 것입니다. 현실적으로, 현상적으로 인정할 수밖에 없지 않습니까?

진실로 하늘을 우러러 한 점 부끄러움이 없는 사람이 과연 있을까요? 우리 각자가 살아온 지난 세월 모두가 영상으로 펼쳐져 많은 사람에게 공개된다고 가정해 보십시오. "나는 정말 떳떳해"라고 말하는 사람이 있다면 그는 떳떳한 사람이 아니라 정말 뻔뻔한 사람일 것입니다.

사람들은 '이 정도는 누구나 하는 일인데 뭘', '이번 한 번만 살짝 거짓말을 한 건데 그게 뭐 대단한 죄인가?' 등의 합리화로 살아왔습니다. 양심의 외침에 귀를 막고 살아온 날들이 누구에게나 분명히 있습니다.

그렇습니다. 모든 사람은 죄인입니다. 우리 스스로 생각해 봐도 그러한데 하나님의 엄중한 잣대에 갖다 대면 더욱 그러할 것입니다.

원죄를 물려받은 우리 인간은 하나님의 말씀을 따라 살지 않고, 육신의 욕망을 따라 살며 많은 죄를 저질러 왔습니다. 그것을 '자범죄'(自犯罪)라고 합니다. 그리하여 우리 인간에게 있었던 '하나님의 형상'은 망가져 버렸습니다. 창조 당시에 있었던 그 아름다운 본질이 파괴되어 결국 하나님과 분리되고 말았습니다.

그러나 너무 안타까워하지 마십시오. 너무 억울해하지도 마십시오. 여기 기쁜 소식이 있습니다. 대표성의 원리에 의해 '죄(罪)의 전가의 원리'가 작동했다면, 반대로 똑같은 대표성의 원리에 의해 '의(義)의 전가의 원리'가 우리를 기다리고 있습니다. 그것이 바로 구원의 기쁜 소식입니다.

> **한 사람이 순종하지 아니함으로 많은 사람이 죄인 된 것같이 한 사람이 순종하심으로 많은 사람이 의인이 되리라**(로마서 5장 19절).

첫 번째 사람인 아담으로 인해 원죄를 안고 태어난 우리를 구원해 주시기 위해, 하나님께서는 또 다른 한 사람을 세우셨습니다. 바로 예수 그리스도이십니다! 그분은 완벽하게 의로우신 분입니다. 예수님을 믿을 때 그 의가 우리에게 옮겨지게 됩니다.

첫 사람 아담의 죄로 인해 우리 모두가 죄인이 되었던 것처럼, 이제는 예수 그리스도의 공로로 인해 우리가 의인이 되게 하십니다. 이 기쁘고 놀라운 소식은 다음 장에서 자세히 살펴보겠습니다.

➔ 우리 삶에 적용하며 기도합시다!

어떤 의사가 환자를 진찰하다가 폐암 말기라는 것을 알게 되었습니다. 환자가 받을 충격을 고려하여 의사는 이렇게 말했습니다.

"기침을 많이 해서 가래에 피가 섞여 나오네요. 이 약을 꾸준히 드시면 곧 회복될 것입니다. 너무 걱정하지 마세요."

이 의사의 말을 어떻게 생각하세요? 임시로는 환자에게 안도감을 주겠지요. 그러나 환자 본인과 가족에게 결코 도움이 되지 않을 것입니다. 정확하게 병명을 말해주고, 추후 치료방법과 예후에 대해 솔직하게 알려주는 것이 옳은 방법입니다.

하나님께서는 모든 사람들이 앓고 있는 질병을 감추지 않습니다. 정확한 진단 결과를 말씀하십니다. 당신을 고통스럽게 하려는 것이 아닙니다. 불쾌하게 하려는 것도 아닙니다. 당장 당신의 귀에 달콤하게 들리지 않을 것을 모르실 리 없습니다. 하지만 사실을 말씀하시는 것입니다. 진실을 선포하시는 것입니다.

모든 사람들은 원죄와 자범죄를 갖고 있다고 말씀하십니다. 그 죄로 말미암아 인간은 하나님과의 사귐이 끊어져 버렸다고 선포하십니다. 그 단절은 곧 고통이요, 결국 멸망으로 치닫는 길임을 선포하십니다.

정확한 진단과 적절한 처방, 그에 따른 치료가 중요하기 때문입니다. 지금 당장 충격을 받는 것은 덜 중요합니다. 치료를 받고 건강을 회복하여 병원 문을 걸어서 나오는 것이 더 중요합니다.

> **예수께서 들으시고 그들에게 이르시되 건강한 자에게는 의사가 쓸 데 없고 병든 자에게라야 쓸 데 있느니라 나는 의인을 부르러 온 것이 아니요 죄인을 부르러 왔노라 하시니라**(마가복음 2장 17절).

이 말씀의 초점은, 이 세상에는 '건강한 자'나 '의인'이 있다는 것이 아닙니다. 온 인류가 '병든 자'이고 '죄인'이라는 말씀입니다.

그렇습니다. 자신의 내면을 정확히 바라보고 "주님, 저는 죄인입니다"라고 솔직하게 고백하는 사람은 복 받은 영혼입니다. 그런 사람은 예수님을 만나게 될 것이기 때문입니다. 그런 사람은 예수님께 치료를 받게 될 것이기 때문입니다!

자, 이쯤에서 당신에게 묻습니다. 이제 좀 억울함이 풀렸습니까?

"제가 그동안 오해를 하고 있었네요!"

당신의 그런 고백을 듣고 싶습니다. 하지만 아직도 모두 공감하기 어려울 수도 있습니다. 괜찮습니다. 당신의 이성으로는 깨닫기 어려울 것입니다. 깨닫게 해주시는 분의 도우심으로 깨닫는 것이 진짜 깨달음입니다. 그대에게 그런 도우심이 임하기를 함께 기도하겠습니다!

제3장

예수님은 누구신가요?

7. 양심대로 살아서는 안 되고, 예수님을 믿어야만 구원을 받는다고요?

8. 예수님이 십자가에서 처형당한 것이 내 죄 때문이라고요?

9. 예수님은 사람인가요, 하나님이신가요? 성령님은 또 누구신가요?

7.

양심대로 살아서는 안 되고 예수님을 믿어야만 구원을 받는다고요?

➔ 궁금하기도 하고 잘 믿어지지 않아요!

지금까지의 공부를 통해 저는 제 자신이 죄인인 것을 인정하게 되었어요. 그러니 이제는 죄를 짓지 않고 양심껏 착하게 살려고 애써야겠지요. 그런데 교회에서는 예수님을 믿어야만 죄를 용서받을 수 있다고 하니 좀 이해가 안 됩니다. 인간의 양심보다는 믿음을 우선시하는 듯합니다.

아무리 착하게 살아도 예수님을 믿지 않으면 구원을 받지 못한다고요? 엉망으로 살아도 예수 그리스도를 믿은 사람은 구원을 받는다고요? 솔직히 그건 좀 받아들이기 어렵습니다. 불공평하고 상식에도 벗어난 것 아닌가요? 제 속마음을 한마디로 딱 표현하면 '견강부회'(牽强附會)라고 할 수 있겠네요. 이치에 맞지 않는 것을 억지로 끌어대어 자기에게 유리하도록 맞춘다는 말이잖아요. 솔직히 그렇지 않은가요?

교회에서 가르치는 그런 교리 때문인지는 몰라도, 실제로 교회 다니는 사람 중에는 안 믿는 사람보다 비양심적으로 사는 사람들이 더러 있더군요. 신앙인이라면 당연히 교회 다니지 않는 사람들보다는 모범적으로 살아야 하지 않나요?

➔ 양심대로 사는 것과 죄 용서의 문제, 과연 인간의 노력으로 될까요?

신앙인들이 새겨들어야 할 내용을 지적하셨네요. 또 '인간의 죄 문제를 어떻게 해결할 것인가?' 하는 매우 중요한 질문을 하셨습니다.

선행으로는 죄와 죄책감을 씻어낼 수 없습니다.

어느 엄마가 외아들을 기르고 있었습니다. 그 아이는 미운 일곱 살이 되면서 점점 엄마의 말을 듣지 않고 행동이 거칠어졌습니다. 어느 날 엄마가 아들에게 이렇게 말을 합니다.

"얘야, 앞으로는 네가 나쁜 짓을 할 때마다 이 기둥에 못을 한 개씩 박거라."

그러면서 엄마는 망치와 못을 한 줌 내밀었습니다. 아들은 재미있을 것 같다는 표정으로 고개를 끄덕거렸습니다.

얼마 되지 않아 집 기둥에는 못이 가득 박혔습니다. 엄마는 걱정스러운 마음으로 그 못을 바라보았습니다.

'자기가 보기에도 저렇게 나쁜 일을 많이 했는데, 자신이 깨닫지 못한 잘못은 얼마나 될까? 또 자기 때문에 다른 사람들이 받은 상처를 저 아이는 알 리가 없을 텐데…….'

세월이 많이 흘렀습니다. 엄마의 정성과 기도로 다행히 아이는 잘 자라주었습니다. 어느 날 엄마는 아들을 그 기둥 앞에 세웠습니다. 아들은 기둥에 가득 박힌 못을 오래 바라보았습니다. 못 하나하나에 새겨진 자기의 잘못이 떠올랐습니다. 철없던 행동을 진심으로 뉘우치며 눈물까지 흘렸습니다.

엄마는 아들이 진심으로 반성하는 것을 보며 함께 눈시울을 적셨지요. 그러고는 이렇게 제안합니다.

"아들아! 이제 앞으로는 착한 일을 할 때마다 기둥의 못을 하나씩 뽑으면 어떻겠니?"

참 지혜로운 엄마입니다. 잘못을 마음으로만 회개하지 않고, 행동으로 실천하게 하려는 배려였던 것입니다. 그 후 아들은 선행을 실천했습니다. 얼마 되지 않아 기둥의 못은 모두 뽑히게 되었지요.

그러나 엄마는 그 기둥 앞을 지나갈 때마다 여전히 마음이 무거

웠습니다. 왜 그랬을까요? 기둥의 못은 다 사라졌지만 못 자국은 여전히 남아 있었기 때문입니다.

못을 죄다 뽑아도 못 자국이 남는다는 것은, 큰 의미를 던져줍니다. 못이 죄를 상징한다면 못 자국은 죄의식과 죄책감을 의미할 것입니다. 죄를 지은 인간이 그 죄에 상응하는 선행을 한다고 해도 죄책감과 죄의식은 어쩔 수 없다는 뜻이지요. 양심대로 착하게 살아가려고 몸부림친다고 해도 또다시 죄를 짓고 싶은 욕망은 어찌할 수 없습니다.

당신 자신의 속마음을 깊이 들여다보십시오. 시인할 수밖에 없는 사실 아닙니까?

도덕이나 법을 잘 지킨다고 의로운 사람이 되지 않습니다.

'법 없이도 살 사람'이라는 말이 있지요. '법 없이도 살 사람'보다 더 착한 사람은 '법 없으면 죽을 사람'일 것입니다. 너무나 착해서 법의 보호를 받지 않으면 살아갈 수 없는 사람 말입니다.

아무튼 사람이 법을 잘 지킨다고 그 본질이 착해질까요? 또는 법을 잘 지키는 사람의 내면이 진정 착한 사람일까요?

그러므로 사람이 의롭다 하심을 얻는 것은 율법의 행

위에 있지 않고 믿음으로 되는 줄 우리가 인정하노라 (로마서 3장 28절).

이 말씀에서, '율법'에 주목해 봅시다. '율법'이란 무엇일까요? 사전에는 이렇게 풀이하고 있습니다.

"종교적, 도덕적, 사회적 생활에 관하여 신의 이름으로 규정한 규범 또는 헌법, 법률, 명령 등의 강제력이 있는 모든 법을 통틀어 이르는 말."

그렇다면, '사람이 의롭다 하심을 얻는 것은 율법의 행위에 있지 않고'라는 말씀의 의미는 무엇일까요? 종교적이든 도덕적이든 실정법이든 그런 것들을 잘 지킴으로써 사람이 의롭게 되는 것이 아니라는 뜻입니다. 인간이 착한 일을 많이 하고 도덕적으로 산다고 해도 절대 의로워질 수 없다는 것이지요. 죄책감과 죄의식은 지워지지 않습니다. 죄를 짓고 싶은 욕망 역시 어찌할 수 없다는 것입니다.

이런 사실은 인류의 역사가 증명하고 있습니다. 인류는 그동안 인간 개인의 도덕적 양심을 회복하고, 사회적 윤리의식을 높이려 애써왔습니다. 교육을 통해 노력해 왔고 또 각종 법을 제정하여 인간 행동을 통제함으로써 정의로운 세상을 꿈꿔왔습니다. 그 결과는 어떠합니까? 더 이상 무슨 설명이 필요할까요? 오히려 세상은 점점 더 악해져 가고 있지 않습니까? 인간의 심성은 점점 더 거칠어져 가고 있는 것이 현실입니다.

그래서 인류는 종교에서 그 해답을 찾으려고 눈길을 돌렸습니다.

종교를 통해 죄의 문제를 해결하고자 했지요. 행복한 삶을 꿈꾸려고 노력해 왔지요.

종교적인 수양으로도 사람은 본질적으로 의인이 되지 않습니다.

세상에는 엄청나게 많은 종교가 있습니다. 잘 알려진 몇몇 종교에서 어떻게 인간의 구원 문제를 다루고 있는지 잠깐 살펴보려 합니다.

유대교에서는 '토라'라는 수많은 율법을 지켜야 사람이 의로워지고 구원에 이른다고 가르칩니다.

이슬람교는 소위 '다섯 기둥'이라고 하는 신조와 기도, 자선, 라마단, 순례 등을 강조합니다.

우리나라 사람들에게 비교적 친숙한 불교에서는 '수양과 명상'을 통해 자기를 비워야 해탈의 경지에 이를 수 있다고 가르칩니다.

유교는 '오륜' 등을 강조하며 인간의 윤리를 실천해야 평화로운 세상이 이루어진다고 합니다.

이 모든 종교에서 말하는 죄 문제의 해결 방법 또는 인간 구원의 방법에는 하나의 공통점이 있습니다. 바로 '자력구원'(自力救援)입니다. 인간의 노력과 공로로 죄 문제를 해결하여 구원에 이를 수 있다는 것입니다.

그러나 성경은 그렇게 가르치지 않습니다. 인간은 죄로 말미암아 완전히 타락하여 스스로 구원에 이를 가능성이 전혀 없다고 단정합니다. 이를 인간의 '전적 타락'(全的墮落)이라고 합니다. 오직 인간을 지으신 분이 해결해 주셔야만 구원에 이를 수 있다고 강조합니다. 이를 '타력구원'(他力救援)이라고 합니다. 자력구원과는 정반대지요.

'하나님의 형상'을 회복해야 의인이 됩니다.

오직 기독교만이 이 기쁜 소식을 선포합니다. 하나님께서 죄 용서와 구원의 길을 이미 다 완성해 놓으셨다는 것입니다. 인간이 애쓰고 힘써서 되는 일이 아니기 때문입니다. 오직 믿음으로 이루어지는 신비한 일이지요. 하나님의 처방과 수술 방법에 의해 새로운 피조물로 거듭나야 가능한 일입니다.

> **그런즉 누구든지 그리스도 안에 있으면 새로운 피조물이라 이전 것은 지나갔으니 보라 새 것이 되었도다**
> (고린도후서 5장 17절).

이렇게 엄청난 선언문을 보신 적이 있으십니까? 정말 놀랍지 않습니까? 인간이 새로운 피조물이 될 수 있다는 것입니다. 이전의 죄악에서 벗어나 새사람이 된다는 것입니다.

우리가 5과에서 공부한 내용을 잠시 떠올려봅시다. 인간은 하나님의 형상대로 창조된 존재라는 것을 살펴보았지요. 우리 인간의 내면에 있는 '하나님의 형상'은 '의로움'과 '거룩함' 그리고 '사랑'과 '통치의 속성'이라고 했습니다. 하지만 그 하나님의 형상은 인간의 죄로 말미암아 완전히 깨어져 버렸습니다. 그리하여 더 이상 하나님과 교제할 수 없는 지경에 이르렀습니다(이사야 59장 2절).

하나님을 따라 의와 진리의 거룩함으로 지으심을 받은 새사람을 입으라(에베소서 4장 24절).

'하나님을 따라'는 '하나님의 형상을 따라'라는 뜻입니다. 그러니까 아담의 범죄로 인해 깨어져 버린 하나님의 형상을 회복시켜 '새사람'이 되도록 재창조하시겠다는 말씀입니다.

새사람을 입었으니 이는 자기를 창조하신 이의 형상을 따라 지식에까지 새롭게 하심을 입은 자니라(골로새서 3장 10절).

우리가 '새사람'이 되는 것은 우리를 지으신 하나님만이 하실 수 있는 일입니다. 인간의 노력으로는 엄두도 내지 못할 일이지요. 율법을 지켜서도 불가능한 일입니다.

한 사람이 순종하지 아니함으로 많은 사람이 죄인 된 것같이 한 사람이 순종하심으로 많은 사람이 의인이 되리라(로마서 5장 19절).

첫 사람 아담의 '순종하지 아니함'으로 우리가 죄인이 되었지만, 이제는 예수 그리스도의 '순종하심'으로 우리가 의인이 된다는 말씀입니다. 오직 예수 그리스도를 믿는 '믿음'으로만 되는 일입니다.

이쯤에서 당신의 질문을 다시 떠올려 봅니다. 왜 인간이 스스로 죄를 씻을 수 없으며, 자력으로 구원에 이를 수 없는지를 알게 되셨으리라 생각합니다.

인간 스스로는 죄의 문제를 해결할 수 없기 때문입니다. 선행을 실천한다고, 율법을 잘 지킨다고 될 일이 아닙니다. 그것은 마치 암세포가 퍼진 얼굴에다 짙은 화장을 하는 것과 같은 일입니다.

앞에서 읽은 이야기처럼, 못을 죄다 뽑아도 못 자국이 남는 것처럼 인간 내면에 도사린 죄성은 우리 스스로 해결할 수 없습니다.

흔히들 하는 우스갯소리가 떠오릅니다. "호박에 줄을 긋는다고 수박이 되냐?"라고들 하지요. 그렇습니다. 그러니 예수 그리스도를 믿어 새로운 피조물로 거듭나야 합니다.

이렇게 거듭난 영혼을 향해 하나님께서는 비로소 "너는 의로운 사람이다"라고 말씀하십니다. 이를 '칭의'(稱義)라고 합니다. 칭의란, 글자 그대로 '의롭다고 칭한다'라는 의미입니다. 사전에서는, '하나님의 은혜로 죄인이 구원을 받음'이라고 풀이하고 있습니다.

구원은 '즉각적'이지만 성화는 '점진적'입니다.

또 한 가지 질문으로, 교회 다니는 사람 중에는 안 믿는 사람보다 비양심적으로 사는 사람들이 더러 있다고 하셨지요. 그럴 수 있습니다.

우리가 예수님을 믿고 죄 용서를 받아 구원을 얻는 것은 '즉각적'으로 이루어집니다. 그러나 신자로서의 성숙한 인품을 갖추는 것은 '점진적'으로 이루어집니다. 천천히, 조금씩 예수 그리스도의 성품을 닮아가게 된다는 뜻이지요.

믿음으로 새로운 피조물이 된 사람은 영적으로 이제 막 태어난 갓난아기와 다름없습니다. 새 생명으로 태어났으니 점점 자라나면서 영적 성숙을 이루어가게 됩니다. 이를 '성화'(聖化)라고 합니다. 국어사전에서는 '성화'를 이렇게 풀이하고 있습니다.

"신의 은총으로 의롭게 된 사람이 성령으로 말미암아 거룩하게 됨."

그렇습니다. 성도라고 해서 모두 온전하지는 않습니다. 하나님의 이끄심에 의해 온전한 인격체로 변화되는 과정에 있지요. 누구나 성화의 과정에 놓여있는 것입니다.

무척 중요한 내용이므로 다시 강조하고 싶습니다.

구원은 즉각적이지만 성화는 점진적입니다. 표현을 바꾸어 이렇게도 말할 수 있을 것입니다. "칭의는 예수를 믿는 순간에 이루어지지만, 성화는 평생에 걸쳐 이루어진다."

칭의와 성화의 은혜가 당신의 마음 깊이 새겨지기를 바랍니다.

➔ 우리 삶에 적용하며 기도합시다!

빌리 그레이엄(1918-2018)이라는 유명한 설교자가 있습니다. 그가 1973년 여의도광장에서 행한 전도 집회는 한국 기독교 역사에 큰 획을 그었지요. 그의 부인 루스 그레이엄 여사의 이야기입니다. 그녀는 주위 사람들에게 늘 이렇게 말하곤 했답니다.

"저에 대해 참아주세요. 하나님은 아직도 저를 만들어 가시는 중입니다."

자신이 인격적으로 미성숙한 사람이라는 고백이지요. 어쩌면 이런 말은 진정 성숙한 인격자만이 할 수 있는 고백이 아닐까요. 아무튼 저는 그 말을 들을 때 익숙한 문장 하나가 떠올랐습니다.

"공사 중, 통행에 불편을 끼쳐드려 대단히 죄송합니다."

여러분도 길을 걷다가 보신 적이 있을 것입니다. 그렇습니다. 우리 인간은 누구나 '공사 중'이지요. 믿는 사람이나 믿지 않는 사람이나 인격적으로 완성된 사람은 없습니다. 완성을 향해 가고 있는 과정이지요.

더 흥미로운 것은 루스 그레이엄 여사의 묘비명 내용입니다. 그녀의 유언에 따라 묘비에는 이렇게 새겨져 있답니다.

"공사 끝. 그동안 참아주셔서 감사합니다(The End of Construction. Thank you for your patience)."

그렇습니다. 죽음이 우리 삶에 찾아오기까지 우리 인격은 계속 공사 중입니다. 저도 공사 중이고 당신도 공사 중입니다.

간혹 신자 중에는 다른 성도 때문에 시험에 들었다면서 힘들어하는 분들이 있습니다. 또 교회 다니는 사람이 안 믿는 사람의 인격보다 못하다며 비난하기도 합니다. 하지만 가만히 생각해 보십시오. 그런 사람이 만약 교회에 다니지 않았다면 지금보다 더 엉망인 사람이 되어 있을 것이 분명합니다. 그래도 교회를 다니다 보니 그 정도일 것입니다.

교회 다니는 신자들 역시 공사 중인 사람들입니다. 완성된 인격자여서 교회에 나온 것이 아닙니다. 그들 역시 하나님의 손길에 공사를 맡긴 사람들입니다. 우리 영혼과 육체를 창조하신 분이 그들을 끝내 하자 없이 공사해 주실 것입니다.

내가 의인을 부르러 온 것이 아니요 죄인을 불러 회개 시키러 왔노라(누가복음 5장 32절).

그렇습니다. "교회는 의로운 사람들이 모인 박물관이 아닙니다.

교회는 죄인들이 모인 병원입니다." 하버드 대학의 교수였던 엘튼 트루블러드가 남긴 말입니다.

당신을 창조하신 분께 당신 자신을 맡겨 보십시오. 기쁘게 맡으셔서 즐겁게 수리해 주실 것입니다. 새로운 피조물로 거듭나게 해주실 것입니다. 당신의 거듭남을 위해 진심으로 기도합니다!

8.

예수님이 십자가에서 처형당한 것이 내 죄 때문이라고요?

➔ 궁금하기도 하고 잘 믿어지지 않아요!

교회마다 십자가가 세워져 있습니다. 예수님이 그 십자가에서 돌아가셨다는 것 정도는 저도 알고 있습니다. 그래서 십자가가 기독교의 상징물이 된 것이지요.

십자가는 끔찍한 사형 도구라고 하더군요. 옛날에 반역자나 흉악한 범죄자를 처형할 때 십자가에 달아 죽였다고 합니다.

예수님이 그 십자가에서 처형을 당한 것은 인간의 죄를 해결하기 위해서라고 들었습니다. 그런데 왜 꼭 십자가에서 피를 흘려야 했나요?

하나님은 모든 것을 하실 수 있는 분이시잖아요. 하나님의 전능하심과 예수의 십자가 처형은 논리적으로 충돌하는 것 아닌가요? 굳이 그런 참혹한 방법을 쓰지 않아도 하나님은 인간의 죄를 해결하실 수 있을 테니까요. 그래야 하나님이시고, 그래야 전능하신 분이라고 할 수 있잖습니까?

제가 본 기독교인들은 예수의 십자가 사건에 대해 일종의 빚진 마음을 갖고 있는 듯합니다. 내가 진 죄를 용서하시기 위해 메시아가 처참하게 돌아가셨다는 마음 말입니다. 그래서 신자들의 마음을 십자가에 묶어두려는 의도가 있어 보입니다. 솔직히 그렇게 느껴질 때가 있습니다.

➔ 십자가는 하나님의 공의와 사랑, 두 가지를 충족하기 위한 하나님의 계획이고 방법입니다.

예수 그리스도의 십자가는 그 자체로 신비이며 동시에 하나님의 능력입니다. 그렇습니다. 기독교의 상징은 십자가입니다. 십자가 사건은 그만큼 중요하고 또 중요합니다. 십자가의 사랑과 은혜가 깊이 깨달아지기를 기도하는 마음으로 당신의 의문을 풀어드리려고 합니다.

하나님의 공의와 사랑, 그 두 가지가 십자가로 완성되었습니다.

하나님께서는 거룩하신 분이십니다. 하나님은 죄를 가장 싫어하시고, 죄를 결코 용납하지 않으십니다. 그래서 인간이 죄를 짓게 되면 반드시 하나님의 심판이 따르게 됩니다.

하나님은 '사랑'의 하나님이시지만, 동시에 '공의'(公義)의 하나님이십니다. 공의란 선과 악을 공정하게 심판한다는 뜻입니다. 공의의 하나님은 죄에 대해서는 반드시 그 책임을 물으십니다.

구약 성경에 보면 죄를 지은 사람들은 하나님께 제사를 드렸습니다. 죄 용서를 구하는 '피의 제사'입니다. 그들은 양을 잡아 피를 흘리게 하여 '속죄의 제사'를 드렸습니다. 인간이 지은 죄를 '속죄양'에게 전가(轉嫁)하여 그 양을 죽여 피를 뿌리는 의식이었습니다.

죄의 삯은 사망입니다(로마서 6장 23절). 죄를 지은 인간은 그 삯으로, 다시 말해 죄의 대가로 죽임을 당해야 했습니다. 하지만 하나님께서는 바로 그 속죄의 제사를 가르쳐 주셨습니다. 그래서 양을 죽이는 대신 인간은 살려주셨습니다. 하나님의 '사랑' 때문입니다.

율법을 따라 거의 모든 물건이 피로써 정결하게 되나니
피 흘림이 없은즉 사함이 없느니라(히브리서 9장 22절).

'피 흘림이 없은즉 사함이 없느니라'는 말씀은 하나님께서 정하신 원칙입니다. 그래서 인간들은 죄 용서를 빌며 소나 양을 죽여 피를 흘리게 하여 죄 용서를 구했습니다.

그러나 그 속죄의 제사는 한시적인 것이었습니다. 예수 그리스도가 이 땅에 오실 때까지 말입니다.

> **이 뜻을 따라 예수 그리스도의 몸을 단번에 드리심으로 말미암아 우리가 거룩함을 얻었노라 제사장마다 매일 서서 섬기며 자주 같은 제사를 드리되 이 제사는 언제나 죄를 없게 하지 못하거니와 오직 그리스도는 죄를 위하여 한 영원한 제사를 드리시고 하나님 우편에 앉으사**(히브리서 10장 10-12절).

짐승을 잡아 드리는 제사는 완전할 수가 없었습니다. 그 제사를 주관하는 제사장 역시 죄인인 인간이었기 때문입니다. 그 제사에 사용되는 제물도 짐승인지라 온전한 제사일 수가 없는 것입니다.

바로 이 대목에서, 하나님께서는 실로 엄청난 결정을 하십니다. 인간이 만든 종교에서는 감히 상상조차 할 수 없는 일을 행하십니다. 이 우주가 진동하고도 남을 어마어마한 사건입니다.

그것은 바로 하나님의 아들 예수 그리스도를 속죄양으로 삼으신 것입니다. 양을 잡아 피를 뿌려 죄 용서를 받았듯이, 죄 없으신 예수 그리스도의 피를 통해 인류의 죄를 씻겨 주신 것입니다. 십자가에서의 처형을 통해 말입니다.

짐승을 잡아 피를 흘리는 제사법은 예고편이었습니다. 예수 그리스도가 영원한 속죄 제물이 되실 것을 미리 보여주신 모형이었습니다. 이 얼마나 놀라우신 하나님의 사랑입니까!

'예수 그리스도의 몸을 단번에 드리심'으로 우리가 '거룩함'을 얻었습니다. 이는 '죄를 위하여 한 영원한 제사'이므로 다시는 우리 죄를 위해 제사를 드릴 필요가 없습니다. 이것이 바로 복음(福音), 곧 복된 소식입니다. 구원의 기쁜 소식입니다.

여기에서 하나님의 공의와 하나님의 사랑이 동시에 이루어집니다. 다시 말해, 죄를 범한 사람에게 반드시 그 죄의 대가를 물으시는 하나님의 공의와 함께, 죄를 지은 인간을 용서하시는 하나님의 크신 사랑이 동시에 완성되는 것입니다.

십자가, 그 끔찍한 사형집행 도구가
사랑과 은혜의 상징이 되었습니다.

모든 교회당에 십자가가 세워져 있습니다. 십자가 목걸이를 걸고 다니는 사람들도 많지요. 앞에서 말씀하신 대로 십자가는 원래 끔찍하고 저주스러운 사형 도구였습니다.

그리스도께서 우리를 위하여 저주를 받은 바 되사 율법의 저주에서 우리를 속량하셨으니 기록된 바 나무

에 달린 자마다 저주 아래에 있는 자라 하였음이라(갈라디아서 3장 13절).

십자가는 BC 6세기 경에 페르시아인들이 고안한 사형 도구였지요. 그리고 BC 1세기에는 로마에서도 이 십자가로 사람을 처형했다고 합니다. 주로 국가 반역자나 도망가다 잡힌 노예를 처벌할 때 십자가에서 못 박아 죽였습니다.

십자가에 못 박힌 죄인은 체중에 의해 못 박힌 손과 발 부위의 살이 찢어집니다. 극심한 고통으로 인해 전신은 경련을 일으킵니다. 과다 출혈로 인해 심한 갈증과 고열에 시달리다 결국 숨지게 됩니다.

그가 찔림은 우리의 허물 때문이요 그가 상함은 우리의 죄악 때문이라 그가 징계를 받으므로 우리는 평화를 누리고 그가 채찍에 맞으므로 우리는 나음을 받았도다 우리는 다 양 같아서 그릇 행하여 각기 제 길로 갔거늘 여호와께서는 우리 모두의 죄악을 그에게 담당시키셨도다(이사야 53장 5-6절).

예수 그리스도는 바로 저와 당신을 위해 그 참혹한 십자가형을 받으셨습니다. 하나님께서는 '우리 모두의 죄악을 그에게 담당'시키심으로 우리를 죄에서 해방시켜 주셨습니다.

그가 곤욕을 당하여 괴로울 때에도 그의 입을 열지 아니하였음이여 마치 도수장으로 끌려가는 어린 양과 털 깎는 자 앞에서 잠잠한 양같이 그의 입을 열지 아니하였도다(이사야 53장 7절).

구약 시대의 속죄 제사에서 인간의 죄를 위해 피 흘렸던 양, 이제는 예수 그리스도가 바로 그 양이 되었습니다. 그분은 '도수장으로 끌려가는 어린 양'이셨습니다. 이 사실을 믿을 때 우리의 죄가 씻어집니다.

우리는 그리스도 안에서 그의 은혜의 풍성함을 따라 그의 피로 말미암아 속량 곧 죄 사함을 받았느니라(에베소서 1장 7절).

이 말씀을 반복해서 읽어보시길 바랍니다. 또박또박 천천히 끊어 읽어보십시오. 이 글을 쓰고 있는 저에게도 지금 전율과 같은 기쁨이 마음에 솟구칩니다!

우리는 그리스도 안에서 / 그의 은혜의 풍성함을 따라 / 그의 피로 말미암아 / 속량 곧 죄 사함을 받았느니라!

주님의 십자가 사건을 이처럼 정확하고도 간결하게 표현한 말씀이 어디 있겠습니까?

깊이 새길수록 감사로 다가오는 두 단어, '은혜'와 '속량'입니다.

'은혜'라는 말과 '속량'이라는 말이 진정 당신의 가슴에 깊이 다가오기를 바랍니다.

'은혜'란 '받을 자격이 없는 사람에게 대가 없이 베풀어지는 혜택'입니다. 우리는 누구나 십자가 사랑을 받을 자격이 없습니다. 하나님의 아들 예수 그리스도가 내 죄를 위해 돌아가신 것은 우리가 그럴만한 자격이 있기 때문이 아닙니다. 또한 그것은 아무런 대가 없이 베풀어진 것입니다. 십자가의 사랑을 받기 위해 우리가 지불한 것은 정말 아무것도 없지 않습니까? 그래서 그것이 바로 '은혜'입니다.

'속량'은 곧 '죄 사함'이라고 명시되어 있습니다. 국어사전에서 '속량'(贖良)을 이렇게 풀이하고 있습니다.

1. 몸값을 받고 종을 놓아주어 양민이 되게 함.
2. 예수가 인류의 죄를 대신하여 십자가에 못 박혀 죽음으로써 대속한 행위.

바로 그것입니다. 예수 그리스도의 핏값으로 말미암아 우리는 죄의 종에서 해방되어 양민(良民)이 된 것입니다. 죄인이 아닌 의인이 된 것입니다. 그것이 대속(代贖), 곧 남의 죄를 대신하여 형벌을 받으신 은혜 때문입니다.

자, 이제 앞의 에베소서 1장 7절 말씀을 다시 읽어봅시다. '은혜'와

'속량'의 의미를 마음에 새기면서 다시 읽으실 때, 진실로 하나님께서 주시는 속량의 은혜가 가슴속에 메아리치시길 바랍니다!

➔ 우리 삶에 적용하며 기도합시다!

에이브러햄 링컨(1809-1865)은 미국의 16대 대통령입니다. 노예 해방을 선언하고 남북전쟁을 승리로 이끈 사람, 초등학교 졸업의 학력으로 미국의 대통령에 오른 신앙인으로 잘 알려져 있지요.

그가 청년 시절에 겪었던 일화입니다. 어느 날 그는 뉴올리언스의 노예 시장을 지나다가 자신도 모르게 발걸음을 멈췄습니다. 어떤 노예 소녀의 슬픈 눈동자와 마주쳤기 때문입니다. 마침 노예를 경매하고 있었는데, 한 소녀가 무척 불안하게 눈망울을 굴리고 있었습니다. 자기가 어떤 사람에게 팔려갈지 몹시 걱정이 되었던 것이지요.

링컨은 그 소녀가 너무도 불쌍하게 보였습니다. 연민의 감정이 마음을 사로잡았습니다. 그는 1,450달러를 주고 그 흑인 소녀를 샀습니다. 노예 소녀는 링컨의 눈치를 살폈습니다. 자기의 새 주인이 어떤 사람인지 궁금했고, 불안했던 것이지요. 링컨이 그윽한 미소를 보이며 말했습니다.

"이 노예 증서를 네 손으로 찢어 버리거라. 나는 너를 자유롭게 해주려고 널 샀단다!"

링컨은 증서를 내밀었습니다. 그러나 소녀는 이 뜻밖의 일이 믿어지지 않았습니다.

"저를 자유롭게 해주신다고요? 정말입니까?"

"물론이야. 너는 이제 노예가 아니야. 이제부터 네가 원하는 곳으로 가서 자유롭게 살아가거라."

그 말을 들은 소녀는 그 자리에 털썩 주저앉았습니다. 그리고 감격의 눈물을 흘렸습니다. 뜻밖에 찾아온 자유가 정말 꿈만 같았던 것입니다. 물건처럼 사고파는 거래의 대상인 노예에서 벗어난 것입니다.

한참 울고 있던 흑인 소녀는 기쁨과 확신에 찬 목소리로 말했습니다.

"선생님, 감사합니다. 하지만 저는 선생님을 떠나지 않겠습니다. 선생님께서 주신 그 자유를 가지고 선생님을 제 주인님으로 모시겠습니다!"

그리하여 그 소녀는 노예가 아닌 자유의 몸으로 링컨을 평생 섬겼다고 합니다.

노예에서 해방된 소녀를 주목해 봅시다. 그녀가 자유를 얻기 위해 지불한 대가는 무엇입니까? 아무것도 없습니다. 그것이 바로 은혜입니다. 그녀는 링컨에게 은혜를 입어 자유를 되찾았습니다.

우리 역시 예수 그리스도의 은혜를 입어 죄의 노예에서 자유로운 신분이 되었습니다. 그것이 바로 하나님의 은혜입니다!

그런데 그 흑인 소녀의 반응이 참 놀랍지 않습니까? 속박에서 자유를 찾게 해준 그 신사가 너무 고마워서, 그녀는 그 소중한 자유를 진정 소중하게 사용하고 싶었던 것이지요. 그 자유를 남용할 수도, 방종과 바꿀 수도 없었습니다.

그래서 억압받는 종이 아닌, '자유로운 종'이 되었습니다. '아름답고 행복한 순종'을 자발적으로 실천했던 것입니다. 예수 그리스도를 믿어 신자가 된 사람의 신앙생활이 바로 그런 것입니다.

> **너희 자신을 종으로 내주어 누구에게 순종하든지 그 순종함을 받는 자의 종이 되는 줄을 너희가 알지 못하느냐 혹은 죄의 종으로 사망에 이르고 혹은 순종의 종으로 의에 이르느니라**(로마서 6장 16절).

죄의 속박과 저주에서 벗어나 참된 자유를 얻은 사람이 바로 성도입니다. 그들은 '죄의 종'에서 벗어나 '순종의 종'이 됩니다. 진실로 아름답고 행복한 삶입니다.

> **하나님이 세상을 이처럼 사랑하사 독생자를 주셨으니 이는 그를 믿는 자마다 멸망하지 않고 영생을 얻게 하려 하심이라**(요한복음 3장 16절).

당신도 언젠가 들어보았을 말씀입니다. 유명한 성경 구절이지요. 얼마나 감사한 말씀입니까!

하나님은 당신을 사랑하십니다. 그래서 독생자 예수 그리스도를 참혹한 십자가에 달리게 하셨습니다. 당신에게 구원의 은혜를 베푸시기 위해서 말입니다.

바로 그 예수 그리스도를 감격적으로 만나시길 바랍니다. 가슴 뛰는 이 속량의 은혜를 속히 누리시길 바랍니다. 당신을 위해 진심으로 기도합니다!

9.

예수님은 사람인가요, 하나님이신가요? 성령님은 또 누구신가요?

➔ 궁금하기도 하고 잘 믿어지지 않아요!

예수님은 인간인가요, 신인가요? 목사님의 설교를 들으면서 정말 더 궁금해졌습니다. 어떤 때에는 인간이라는 것을 전제하고 말씀하시다가, 또 어떤 경우에는 예수님이 하나님이라고 하시는 것입니다.

그리고 교회 예배에 참석해 보니, 하나님보다는 예수님을 더 강조하고 더 자주 언급하더군요. 그것도 좀 이상하고요, 그 이유가 궁금합니다.

성령님은 또 누구신가요? '성령 하나님'이라고 말씀하시는 것을 들었는데, 그렇다면 예수님도 하나님이시고 성령님도 하나님이신가요?

기독교는 유일신을 믿는 신앙이라고 학교에서도 배웠습니다. 그런데 하나님이 세 분이나 등장하네요. 어떻게 이해해야 할까요?

➔ 신비한 만큼 어려운, 그러면서도 은혜로 다가오는 삼위일체는 신앙의 뼈대입니다.

저 역시 처음 신앙을 접하고서 가장 궁금했던 점이 바로 그것입니다. 예수님은 신인가, 아니면 인간인가? 그래서 교회를 오래 다닌 분에게 물어보았지요.

"예수님은 참 인간이면서 동시에 참 하나님입니다."

제게 돌아온 대답은 간단하면서 명료했습니다. 그러나 그 말을 이해하기는 쉽지 않았습니다. '그렇다면 50%는 인간이고, 50%는 신이라는 뜻인가? 인간이지만 신의 속성을 갖추실 만큼 매우 훌륭하신 분이라는 뜻이겠지…' 그렇게 생각했습니다.

그러나 저의 이러한 이해는 정확한 것이 아니었습니다. 예수님은, 절반은 인간이고 절반은 신이신 분이 아닙니다.

예수님은 인간의 몸으로 이 세상에 오신 하나님이십니다.

그런 깨달음은 나중에 찾아왔습니다.

'아, 그래서 그분이 그렇게 말씀하셨구나. 예수님은 참 인간이면서 동시에 참 하나님이라고 말씀해주셨구나!'

그렇습니다. 예수님은 100% 인간이십니다. 그리고 100% 신이십니다. 이것이 예수 그리스도에 대한 정확한 이해입니다.

그러니까 예수님은 사람의 성품인 인성(人性)과 신의 성품인 신성(神性)을 동시에 갖고 계십니다. 성경을 읽어보면 이 양면이 두루 나타나 있음을 알게 됩니다.

다른 종교인들은 이 대목을 공격합니다. 기독교인이 아닌 사람들은 예수님을 인류의 4대 성인 중 하나로 받아들입니다. 훌륭한 인간으로 이해하는 것이지요. 신이라는 사실을 인정하지 않는 것입니다. 당연합니다. 인간의 이성으로는 이해하기 힘들기 때문입니다.

예수님은 우리와 똑같은 육체를 가진 인간으로 태어나셨습니다. 약 2천 년 전에 유대인의 혈통으로 탄생하셨지요. 배고프면 먹어야 하고, 피곤하면 쉬어야 하는 인간이셨습니다. 자신을 따르는 무리와 함께 기뻐하기도 하셨고 때로는 눈물도 흘리셨습니다.

그리고 33세의 나이에 십자가에서 참혹하게 돌아가셨습니다. 인간이셨기에 십자가 위에서 고통스러워하셨습니다. 육체의 피를 쏟으며 돌아가신 것을 그 당시 수많은 사람들이 목격했습니다.

그러나 예수님은 우리 인간과는 분명 다른 분이셨습니다. 십자가 처형을 직접 목격한 사람들 가운데 어떤 사람은 '인간' 예수를 바라보았지만, 어떤 사람은 '하나님의 아들'이신 예수님을 바라보았습니다.

> 백부장과 및 함께 예수를 지키던 자들이 지진과 그 일어난 일들을 보고 심히 두려워하여 이르되 이는 진실로 하나님의 아들이었도다 하더라(마태복음 27장 54절).

예수님이 십자가에서 돌아가신 바로 그 상황을 기록한 성경 말씀입니다. 그 끔찍했던 처형의 현장에 있던 사람들이 그렇게 고백했습니다. "예수님은 진실로 하나님의 아들이었도다"라고 말입니다.

그뿐만이 아닙니다. 실제로 주님을 따라다니며 주님을 가장 가까이에서 바라보았던 사람이 이렇게 말하기도 했습니다.

> 시몬 베드로가 대답하여 이르되 주는 그리스도시요 살아 계신 하나님의 아들이시니이다(마태복음 16장 16절).

이것이 바로 베드로의 유명한 신앙고백입니다. 베드로는 예수님을 '그리스도'라고 고백했습니다.

그리스도는 '기름, 곧 성유(聖油) 부으심을 받은 분'이란 뜻입니다. 옛날에는 '선지자'와 '제사장'과 '왕'을 세울 때, 머리에 기름을 부어 권세자로 임명했습니다. 그러니까 예수님은 참 선지자요, 참 제사장이시며, 참 왕이시라는 의미입니다. 좀 어려우시죠? 좀 더 설명이 필요한 부분이니, 여기서는 이 정도로만 말씀드리겠습니다.

아무튼 베드로는 예수님을 '하나님의 아들'이라고 고백했습니다. 우리와 같은 사람이 아니라는 것이지요. 그분은 인간의 몸으로 이 땅에 오셨지만 하나님의 뜻을 이루기 위해 오신 분입니다. 앞에서 살펴보신 것처럼, 인류를 죄에서 구원하기 위해 오신 구세주(救世主)이십니다.

예수님은 하나님의 아들이시며,
동시에 두 분은 '하나'이십니다.

이 대목에서 또 다른 의문이 생길 것입니다. '하나님의 아들'을 어째서 '하나님'이라고 하는가, 그런 의문 말입니다.

예수님께서는 당신 자신을 하나님과 하나라고 말씀하셨습니다(요한복음 10장 30절). 다음 말씀은 좀 더 구체적인 표현입니다.

> 예수께서 이르시되 빌립아 내가 이렇게 오래 너희와 함께 있으되 네가 나를 알지 못하느냐 나를 본 자는 아버지를 보았거늘 어찌하여 아버지를 보이라 하느냐 (요한복음 14장 9절).

예수님의 제자였던 빌립이 예수님에게 이렇게 요청했습니다.

"주여, 아버지를 우리에게 보여주옵소서. 그리하면 족하겠나이다"(요한복음 14장 8절). 그 요구에 대해 주님께서 위의 말씀을 하셨던 것입니다. "나를 본 자는 아버지를 보았거늘 어찌하여 하나님을 보여

달라고 하느냐"라고 말입니다. "내가 너희와 오랫동안 함께 있지 않았느냐. 그런 가운데 내가 누군지 충분히 알지 않았느냐", 그런 말씀을 하신 것입니다.

> **내가 아버지 안에 거하고 아버지께서 내 안에 계심을 믿으라 그렇지 못하겠거든 행하는 그 일로 말미암아 나를 믿으라**(요한복음 14장 11절).

얼른 이해하기 쉽지 않은 말씀입니다. '내가 아버지 안에 거하고' 또 한편으로 '아버지께서 내 안에 계심'을 믿으라는 것입니다. 예수님이 하나님 안에 거한다는 말도 이해하기가 쉽지 않지요. 하나님께서 예수님 안에 계신다는 것은 또 무슨 의미일까요? 참으로 놀랍고 신비한 연합입니다.

이를 좀 어려운 말로는 '상호내재'(相互內在, co-inherence)라고 합니다. 서로 상대방의 안에 거한다는 뜻입니다. 사실 인간의 이성으로는 설명이 불가능합니다. A가 B 안에 거하고, B가 A 안에 거한다는 말은 결국 무엇을 의미할까요? A와 B는 곧 '하나'라는 것이지요. 이러한 상호내재를 통해 하나님과 예수님은 '하나'라는 것입니다.

삼위일체는 기독교 신앙의 뼈대입니다.

당신은 앞에서 '성령 하나님'이라는 말을 들었다고 하셨지요. 그렇습니다. 성령님 역시 하나님이십니다. 성스러운 영혼, 곧 성령(Holy Spirit)은 진리의 영이시며 우리와 함께 계시는 하나님이십니다(요한복음 14장 17절). 더 혼란스러우신가요? 정리하자면, 성부(聖父) 하나님, 성자(聖子) 예수님, 성령(聖靈) 하나님, 그 세 분이 모두 한 하나님이십니다.

성부와 성자와 성령, 그 삼위(三位)가 일체(一體)라는 것이 바로 삼위일체(三位一體, Trinity) 교리입니다. 삼위일체란 말 자체는 생소하지 않을 것입니다. 교회 밖에서도 자주 사용하는 말이니까요.

그러나 성경에서 말하는 삼위일체는 그리 쉬운 개념이 아닙니다. 이 교리는 참 신비롭습니다. 신비한 만큼 우리 인간에게는 완전한 이해가 어려운 것이지요.

이렇게 쉽지 않은 내용을 지금 여기서 말씀드리는 이유가 무엇일까요? 삼위일체에 대한 바른 이해가 곧 바른 신앙을 가져오기 때문입니다. 삼위일체는 기독교 신앙의 기초이며 뼈대입니다. 모든 기독교인은 삼위일체의 하나님을 믿기 때문입니다.

우선 삼위일체의 개념을 간략하게 설명합니다. 성부와 성자와 성령으로 불리는 삼위는 서로 간의 서열이 없이 동등하게 하나입니다. 성부는 성자 안에 계시고, 성자는 성부 안에 계십니다. 성령 역시 성부와 성자 안에 계십니다. 삼위는 독립적으로 존재하지 않고 '상호내재'로 공동체를 이루십니다.

삼위 하나님께서 함께 일하시는 예를 하나 들어보겠습니다. 성자 예수님은 이 세상에 오셔서 십자가에서 돌아가심으로 우리를 구원해 주셨습니다. 그런데 인간의 몸으로 탄생하여 십자가 사건을 거쳐 부활과 승천에 이르는 모든 행적은 예수님이 단독적으로 하신 일이 아닙니다. 그것은 성령 하나님의 이끄심으로 이루어진 사건이며, 성부 하나님께서 행하신 일입니다.

> **주 예수 그리스도의 은혜와 하나님의 사랑과 성령의 교통하심이 너희 무리와 함께 있을지어다**(고린도후서 13장 13절).

많이 들어보신 말씀이지요? 교회에서 예배를 마칠 때 '축도'라는 이름으로 목사님이 그렇게 기도합니다. 여기서도 삼위 하나님이 나타나 있지요. 이 삼위 하나님에게 각각의 고유한 역할이 정해져 있는 것일까요? 그렇게 받아들이는 것보다 삼위께서 함께 활동하시는 것으로 이해하시는 편이 옳습니다.

삼위일체에 대한 잘못된 접근을 두 가지만 살펴보겠습니다. 잘못된 접근에 대해 살펴봄으로써 올바른 이해를 할 수 있기 때문입니다.

많은 신자들이 삼위를 이렇게 이해하고 있습니다. 하나님은 천지를 창조하시고, 예수님은 십자가에서 우리를 위해 돌아가셨고, 성령님은 지금 우리에게 오셔서 함께하시는 하나님이라고 믿습니다. 어떤 문제가 있을까요? 이는 성부와 성자와 성령의 특정 역할이 각각

정해져 있는 것으로 인식하게 만듭니다. 그래서 세 분이 각기 개별적인 하나님이신 것으로 오해할 소지가 있지요. 자칫 '삼신론'(三神論, Tritheism)에 빠집니다. 삼신론이란 글자 그대로 하나님을 세 분으로 인식하게 되는 것이지요. 이는 하나님을 잘못 이해한 것입니다.

이와는 반대로 '양태론'(樣態論, Modalism)이 있습니다. 이는 한 분이신 하나님이 세 가지 양태, 즉 세 가지 모습으로 존재한다고 보는 견해입니다. 하나님이 구약에서는 여호와 하나님으로 나타나셨고, 신약에서는 예수님으로, 그리고 지금은 성령으로 나타나신다는 견해입니다. 더 쉽게 말씀드리면, 삼위를 이름으로만 구별하는 것입니다.

이런 오류를 참고해서, 삼위일체를 다시 이렇게 정리해 봅니다.

성부와 성자와 성령은 동등한 하나님이십니다. 그러니 성부도 하나님이요, 성자도 하나님이며, 성령도 하나님이십니다. 하지만 성부는 성자가 아니며, 성자는 성령이 아니며, 성령 역시 성부가 아닙니다. 이 세 분은 상호내재하여 연합되어 있습니다. 삼위가 '하나'라는 것은 숫자 1을 의미하는 것이 아닙니다. 세 분이 연합하여 조화로운 공동체를 이루는 것으로 이해하시면 쉬울 것입니다.

좀 어려우신가요? 조금이 아니라 많이 어려우실지도 모르겠습니다. 좀 더 깊이 들어가면 목사님들에게도 어려운 것이 삼위일체입니다.

미국 칼빈 신학교의 교수였던 루이스 벌코프(1873-1957)는 이렇게 말했습니다.

"삼위일체는 신비다. 세 분의 관계와 세상에 드러나는 방식에서는 어느 정도 이해가 가능하다. 그러나 그 본질적 속성에 대해서는 완전한 이해가 불가능하다."

그러니 우리 역시 이 정도에서 이해하고 마음에 새기면 되겠습니다.

➔ 우리 삶에 적용하며 기도합시다!

예수님이 참 인간이시며 참 하나님이시란 말이 사실 쉬운 건 아닙니다. 그 자체로 어렵기 때문에 많은 사람들이 믿음을 갖기 어려워하지요. 그러나 이것은 기독교의 핵심입니다. 이 믿음의 고백 위에 교회가 세워집니다. 이러한 믿음을 고백한 사람이 구원의 은혜를 누리게 됩니다.

삼위일체가 어려운 개념이다 보니 이를 좀 더 쉽게 설명하기 위한 노력이 있습니다. 비유를 통한 시도이지요.

삼위를 물과 수증기와 얼음에 비유하는 시도는 참 명쾌하게 다가옵니다. 물은 분자식이 H_2O입니다. 그런데 똑같은 물이 끓게 되면 '수증기'가 되고, 얼게 되면 '얼음'이 되고, 상온에서는 액체인 '물'이 되지요. 그런 방법으로 삼위일체를 설명하면 어떻게 될까요? 쉽게 이해되고 정리되는 것 같습니다. 하지만 삼위일체를 오해하도록 만듭니다.

또 다른 비유를 볼까요. 이 글을 쓰고 있는 저는 한때 목회를 하면서 학교에 나갔습니다. 저는 한 사람이 분명하지만, 교회에서는 목사요, 학교에서는 선생이요, 가정에서는 아버지가 됩니다. 삼위 하나님을 이렇게 설명하면 매우 친숙하게 다가옵니다.

그러나 이 두 가지 비유 모두 문제가 있지요. 앞서 말씀드린 '양태론적 접근'입니다. 삼위가 숫자 1로 하나라는 생각이 강조되기 때문입니다. 사실은 한 분인데 호칭만 다른 분으로 오해하게 만듭니다. 삼위를 이름으로만 구별하려는 시도입니다.

삼위일체에 대한 바른 이해는, 바른 신앙과 잘못된 신앙을 구분 짓는 척도가 됩니다. 이단을 분별하고 속지 않는 능력을 갖추게 합니다.

하나님께서는 완전하시며 우리를 구원하시기 위한 계획 역시 완전합니다. 삼위일체의 신비를 통해 우리는 하나님의 완전성을 깨닫습니다. 하나님께서는 그렇게 우리를 완벽하게 구원하시고, 지금도 우리와 온전히 함께하십니다.

"그렇다면 삼위의 하나님 중에 저는 누구부터 믿어야 할까요?"

혹 그런 의문이 생기지는 않으셨나요? 가장 현실적이고 중요한 질문입니다.

"물론 세 분 모두 다 믿어야 한다고 말씀하실 것 같은데요!"

당신의 그런 목소리가 들리는 듯합니다. 하지만 그리 어렵게 생각하실 필요는 없습니다.

누구든지 예수 그리스도를 진실히 믿는 사람은 삼위일체 하나님을 믿는 것입니다. 그 이유는 이렇습니다. 예수님을 진정 믿을 수 있는 것은 성령님께서 당신을 이끌어주셨기 때문이지요. 그리고 예수님은 하나님께서 보내신 구세주시며, 곧 그분이 하나님이시기 때문입니다!

여기에서, 앞서 하셨던 질문을 떠올려 봅니다. 교회에서는 하나님보다 예수님을 더 강조하는 듯해 보인다는 의문 말입니다. 왜 그럴까요? 우리 죄인을 위해 이 땅에 오셔서 십자가에 달리신 그분, 예수 그리스도를 영접하는 것이 곧 삼위의 하나님을 믿는 것이기 때문입니다.

이 진리가 마음속에 깨달아지면 정말 좋겠습니다. 그리하여 당신을 구원하신 예수 그리스도의 은혜가 가슴속에서 기쁨으로 솟구치길 기도합니다!

제4장

성경은 어떤 책인가요?

10. 사람이 기록한 성경이 어떻게 하나님의 말씀이 될 수 있나요?

11. 성경은 어떤 능력이 있으며, 어떻게 우리 삶에 적용될 수 있나요?

10.

사람이 기록한 성경이 어떻게 하나님의 말씀이 될 수 있나요?

➔ 궁금하기도 하고 잘 믿어지지 않아요!

성경을 하나님의 말씀이라고 하잖아요? 그러면 하나님께서 기록해서 인간 세계에 내려 보낸 말씀인가요?

그런 건 아닌 것 같습니다. 지난번 목사님께서 설교하실 때, "사도 바울이 기록한 말씀 가운데…"라는 표현을 하신 적이 있어요. 또 마태복음은 마태라는 사람이 기록했다고 말씀하신 적도 있습니다.

그렇다면 성경은 인간이 쓴 것인데, 어째서 하나님의 말씀이 될 수 있나요? 참 궁금하네요.

또 성경이 여러 사람에 의해 기록되었다면 그 사람들이 같은 장소에 모여 의논하며 기록한 것인가요? 함께 모여 기도하면서 하나님이 주신 영감을 토대로 기록했을 것으로 짐작이 되네요. 이렇게 말해놓고 보니 진짜 궁금해지네요. 의심이 생긴다기보다는 이 문제는 생각할수록 궁금증이 더해집니다.

➔ 성경, 인간이 기록했지만 실제 저자는 하나님이십니다.

성경은 수많은 사람의 인생을 아름답게 바꿔놓은 책입니다. 그러나 한편으로는 수많은 사람들로부터 공격을 받은 책이기도 하지요.

미국 인디애나에서 주지사의 아들로 태어나서 나중에 유능한 변호사가 된 사람이 있습니다. 그 후 그는 남북전쟁에서 북군의 장군으로 명성을 얻기도 했습니다. 소설 창작에도 깊은 관심을 가졌던 그에게 친구가 이런 제안을 했습니다.

"성경에서 예수를 하나님의 아들이라고, 메시아라고 떠드는데 기독교의 허구를 적나라하게 드러낼 수 있는 소설을 한번 써 보게나. 틀림없이 크게 성공할 걸세."

그는 성경의 허구를 발견하기 위해 성경을 꼼꼼히 읽기 시작했습니다. 그렇게 2년간 성경을 탐독하던 어느 날, 그는 무릎을 꿇고 외쳤다고 합니다. 성경 속에서 예수 그리스도를 만나게 된 것입니다.

"나는 하나님에 대한 절대적 믿음을 갖게 되었다. 예수 그리스도는 구세주이시다. 그분은 내 삶의 주인이시다!"

그는 자신의 내면에서 일어난 혁명과도 같은 일을 자기가 쓴 소설의 주인공에게 그대로 투영했습니다. 그 작품이 바로 저 유명한 '벤허'입니다. 영화로도 잘 알려진 이 소설의 원제는 '벤허: 그리스도 이야기'지요.

그 작가가 바로 루 월리스(1827-1905)입니다. 그는 성경의 허구성을 파헤치려다 결국 예수 그리스도를 믿어 하나님의 자녀가 되었습니다.

이처럼 성경은 존중과 멸시, 사랑과 미움을 함께 받아왔습니다. 수많은 사람이 성경의 진리를 사수하기 위해 목숨을 버렸습니다. 그리고 성경에 기록된 하나님의 말씀대로 이 세상은 변화되어 왔습니다.

사람들은 성경을 통해 구원의 기쁨을 누렸습니다. 성경을 통해 인간의 자유와 평등에 눈을 뜨게 되었습니다. 성경 말씀을 실천하며 이 세상을 사랑과 평화가 있는 곳으로 만들기 위해 노력해 왔습니다.

성경에 대해 다음 네 가지 항목으로 나누어 살펴보겠습니다.

성경은 누가 기록했으며, 성경을 하나님의 말씀이라고

단정할 수 있는 근거는 무엇인가요?

당신의 질문처럼, 수많은 사람이 의문을 갖는 부분이지요. 맞습니다. 성경은 사람의 손에 의해 기록되었습니다. 앞서 말씀드린 대로 마태복음은 마태가 기록했고, 마가복음은 마가라는 사람이 기록했지요.

성경은 어느 날 하늘에서 인간 세상에 뚝 떨어진 것이 아닙니다. 성경은 대략 1,500년의 긴 세월 동안 약 40명의 사람의 손에 의해 쓰였습니다. 성경을 기록한 사람을 저자(著者)라고 칭하지 않습니다. 기자(記者)나 기록자(記錄者)란 말을 사용합니다. 저자는 하나님이시지만 기록은 인간이 했다는 뜻이지요.

인간이 기록한 책이 어떻게 하나님의 말씀이 될 수 있을까요? 그 의문을 해결할 수 있는 단어가 바로 '영감'(靈感)입니다. 영감이란 성령 하나님께서 인간에게 주신 감화와 감동을 뜻합니다. 다른 말로는 '계시'라고도 할 수 있지요. 다시 말해 성령 하나님께서 인간인 기록자들의 영혼을 움직여서 하나님의 말씀을 기록하도록 하셨다는 것입니다.

성경에서도 이렇게 말씀하고 있습니다.

> **예언은 언제든지 사람의 뜻으로 낸 것이 아니요 오직 성령의 감동하심을 받은 사람들이 하나님께 받아 말한 것임이라**(베드로후서 1장 21절).

그렇습니다. 성경은 '성령의 감동하심을 받은 사람들이 하나님께 받아 말한 것'입니다. 이 말씀에 대한 설명이 좀 더 필요해 보입니다. 성령께서 인간의 영혼을 어떻게 움직이셨을까요? 그 이야기를 나눠 보고 싶습니다.

과거에는 이렇게 생각했던 적이 있었습니다. 하나님께서 인간을 마치 로봇처럼 사용하셔서 성경을 '받아 적도록' 시키셨다고 말입니다. 성경의 단어와 문장 하나하나를 하나님께서 들려주셔서 사람들이 그대로 기록했다는 것이지요. 이것을 좀 어려운 말로는 '축자 영감설'(逐字靈感說)이라고 합니다. '축자'란 '글자 하나하나를 따라서'란 의미이지요. 그렇게 하나님께서 계시하시는 글자 하나하나를 따라 성경을 기록했다는 주장입니다. 하지만 이런 생각은 받아들여지기 어려운 면이 있습니다.

실제 성경을 깊이 읽어보면 성경 기록자의 개인적인 특성이 그대로 드러난다는 사실을 알게 됩니다. 기록자의 성격이나 교육 수준, 문화적 배경 등이 배어 있습니다. 그러니까 성령께서는 성경 기록자인 인간의 인격과 특성을 무시하지 않으면서도 하나님의 영감으로 성경을 기록하도록 이끄신 것입니다. 이를 일러 '유기적 영감설'(有機的靈感說)이라고 합니다.

그리고 성경을 기록한 수많은 사람들을 서로 긴밀하게 연결되게 하셨습니다. 성경 66권은 기록자가 다르고, 기록된 시기가 다릅니다. 그러나 성경 전체의 내용은 서로 모순되는 점이 없습니다. 신비한 일이지요. 이는 성경의 저자가 하나님이시라는 강력한 증거가 됩니다. 기록한 사람은 여러 명이지만, 기록하게 하신 분은 오직 한 분이신 성령 하나님이십니다. 그러니 내용이 충돌되지 않고 온전한 통일성을 이루고 있습니다. 인간이 기록했다면 이러한 신비성을 당연히 가질 수 없을 것입니다.

성경의 기록 목적과 주된 내용은 무엇인가요?

성경은 역사책이 아닙니다. 그러나 인간의 역사가 기록되어 있습니다. 성경은 과학책이 아닙니다. 그러나 세상과 인간이 어떻게 만들어졌는가를 기록하고 있습니다. 성경은 사회학 서적이 아닙니다. 그러나 이 세상이 앞으로 어떻게 변해갈 것인가를 말씀하고 있습니다. 성경은 교훈이나 처세술을 기록한 책이 아닙니다. 그러나 인생살이에 대한 교훈으로 가득 차 있습니다.

그렇다면 성경은 한마디로 어떤 책일까요? 성경은 단 하나의 분명한 목적으로 쓰였습니다.

> **오직 이것을 기록함은 너희로 예수께서 하나님의 아들 그리스도이심을 믿게 하려 함이요 또 너희로 믿고 그 이름을 힘입어 생명을 얻게 하려 함이니라**(요한복음 20장 31절).

'예수 그리스도를 믿어 생명을 얻게 하기 위함', 바로 그것입니다. 그것이 우리에게 성경이 주어진 목적이지요. 여기서 '생명'은 영원한 생명을 의미합니다. 즉 '구원을 통해 누리는 영생'입니다.

성경은 이 목적을 이루기 위해 '예수 그리스도'에 대해 기록하신 '하나님 아버지'의 말씀입니다. 성경은 세상과 인간 창조, 하나님의 통치, 예수 그리스도의 십자가와 구원, 부활과 재림 등의 내용으로 채워져 있지요. 그러나 그 중심에는 오직 예수 그리스도가 계십니다. 성경의 주인공은 예수 그리스도이십니다. 성경의 주제는 예수 그리스도를 통한 구원입니다.

너희가 성경에서 영생을 얻는 줄 생각하고 성경을 연구하거니와 이 성경이 곧 내게 대하여 증언하는 것이니라(요한복음 5장 39절).

성경은 곧 예수 그리스도에 대한 '증언'입니다. 증언이란 사실로 증명한다는 뜻입니다. '예수님이 어떻게 이 세상에 오셨고, 무슨 일을 하셨으며, 어떻게 인간을 구원하셨는가? 그리고 지금은 어디에서 무얼 하고 계시는가?' 등의 내용이 성경에 기록되어 있습니다. 따라서 성경에 계시된 진리의 말씀은 예수님에 대한 증언입니다.

또한 그 증언은 우리 인간을 향한 사랑의 편지입니다. 우리를 구원하신 주님의 은혜가 감동적으로 기록되어 있기 때문입니다.

구약 성경은 무엇이고, 신약 성경은 무엇인가요?

성경을 66권이라고 말하면 어리둥절하시는 분들이 있더군요. 성경이 한 권으로 된 책이라고 생각하고 있기 때문이지요.

쉽게 말씀드리면, 성경은 각기 다른 제목을 가지고 있는 총 66편의 글로 구성되어 있습니다. 이 각각의 글을 전통적으로 '책'이라고 표현합니다.

성경은 크게 신약(新約) 성경과 구약(舊約) 성경으로 나뉩니다. 예수님이 이 땅에 오신 시점으로 그렇게 나누어집니다. 구약 성경은 예수님이 이 세상에 오시기 이전의 기록이고, 신약 성경은 예수님이 이 땅에 오셔서 행하신 일들이 주로 기록되어 있습니다.

구약은 '옛날의 약속'이란 뜻이고, 신약은 '새로운 약속'이란 의미입니다. 통틀어서 성경은 하나님께서 선택하신 백성에게 주신 하나님의 약속(約束)이라고 할 수 있습니다. 하나님께서는 우리에게 무엇을 약속하셨을까요? 한마디로 예수 그리스도에 대한 약속입니다.

구약 성경은 '오실 예수 그리스도'에 대한 약속입니다. 앞에서 공부하신 대로, 인간은 하나님의 형상대로 창조되었으나 죄를 짓고 하나님과 분리되었지요. 그러나 하나님께서는 인간을 사랑하셔서 하나님의 형상을 회복시키셨습니다. 다시 하나님과 교제할 수 있도록 구세주 예수 그리스도를 이 땅에 보내신 것이지요. 바로 그 약속, 예수 그리스도를 이 땅에 보내주실 것을 약속하신 책이 구약입니다.

신약 성경은 '오신 예수 그리스도'에 대한 말씀입니다. 예수님이 이 땅에 어떻게 오셨고 어떻게 인류의 죄악을 용서하셔서 우리를 구원하셨는가를 보여주고 있습니다. 또한 '다시 오실 예수 그리스도', 즉 재림(再臨)을 약속하신 책이 신약 성경입니다.

성경 66권은 어떻게 구성되어 있나요?

성경의 구성을 잠시 살펴보려고 합니다. 좀 어렵게 느껴지실지 모르겠네요. 그렇지만 성경의 짜임과 목차 정도만 훑어본다는 생각으로 들어보시면 되겠습니다.

구약 성경 39권은 율법서, 역사서, 시가서, 선지서 등으로 분류합니다. 그래서 얼핏 보면 성도가 지켜야 할 규정으로 보입니다. 또 역사책이나 시집으로 여겨질 수도 있습니다. 하지만 앞에서 말씀드린 대로 그 주제는 '이 땅에 오실 구세주, 예수 그리스도'입니다.

신약 성경 27권은 복음서로 시작합니다. 잘 알려진 대로, 마태복음, 마가복음, 누가복음, 요한복음으로 구성되어 있지요. 이 네 권의 복음서는 예수 그리스도께서 선포하신 구원의 복된 소식, 즉 복음(福音)이 기록되어 있습니다. 그래서 교회에 갓 들어오신 새 가족에게 먼저 이 복음서부터 읽어보시길 권해드리는 것이 일반적이지요.

그다음으로 역사서와 편지 형식의 글인 서신서, 예언서 등으로 이루어져 있습니다.

성경 66권을 기억하는 좋은 방법이 있습니다. 구구단 3×9=27을 떠올리시면 됩니다. 구약 39권, 신약 27권, 총 66권, 이렇게 기억하면 참 쉽습니다.

성경의 구성을 당장 이해하려고 애를 쓰실 필요는 없습니다. 신앙생활을 해나가시면서 차츰 익숙해질 테니까요.

다만, 66권의 성경은 기록자와 기록된 시기가 다르지만 서로 모순 없이 온전한 통일성을 이룬다는 점은 꼭 기억해 두시면 좋겠습니다. 성령님께서 진정한 저자이시기 때문입니다!

➔ 우리 삶에 적용하며 기도합시다!

저는 스물일곱 살에 비로소 예수 그리스도를 영접했습니다. 앞에서 말씀드렸지요.

주님의 십자가 사랑, 그 은혜에 감격한 저는 성경을 펼쳐 들었습니다. 그리고 이내 성경 속에 빠져들기 시작했습니다. 어떤 날은 눈이 붓도록 눈물을 흘리며 그 구원의 책을 읽었습니다. 어떤 날은 희뿌연 새벽빛에 눈을 비비며 그 사랑의 편지를 덮고 일어서기도 했습니다. 밤을 새웠던 것이지요. 누구나 사랑에 빠지면 그러하지 않습니까? 밤새워 편지를 쓰기도 하고 읽기도 하지요. 다음날 출근할 걱정은 까맣게 잊고서 말입니다. 분명 누군가가 이끄는 힘이었습니다. 성령 하나님의 강한 이끄심과 은혜였지요.

여호와를 경외하는 도는 정결하여 영원까지 이르고 여호와의 법도 진실하여 다 의로우니 금 곧 많은 순금보다 더 사모할 것이며 꿀과 송이꿀보다 더 달도다
(시편 19편 9-10절).

성경 말씀은 제게 '순금보다' 더 귀했습니다. '꿀과 송이꿀보다 더' 달콤했습니다. 성경은 사람이 하나님에 대해 쓴 책이 아닙니다. 하나님께서 사람에게 보내신 순애보입니다. 그래서 송이꿀보다 더 답니다. 그 사랑에 빠지면 말입니다.

어떤 농부가 밭을 샀습니다. 전 재산을 다 팔아 마련한 돈으로 말입니다. 그런데 그 밭은 돌밭이었습니다. 농사를 짓기 어려운 박토였지요. 이웃 사람들이 비웃었습니다. 바보 같은 짓을 했다는 것입니다. 그러나 정작 그 농부는 싱글벙글 웃고 다녔습니다. 왜 그랬을까요? 그 돌밭 속에 보물이 감춰져 있었기 때문입니다. 그것이 자기 재산을 다 팔아 그 밭을 샀던 이유였고, 바보라는 조롱에도 웃을 수 있었던 이유였습니다.

그렇습니다. 성경이 바로 그 돌밭입니다. 예수님이 바로 그 돌밭이고요, 천국이 바로 그 돌밭입니다. 세상 사람들이 조롱하여도 예수를 포기할 수 없는 이유입니다. 누가 뭐라고 해도 믿음을 버릴 수 없는 이유입니다.

천국은 마치 밭에 감추인 보화와 같으니 사람이 이를 발견한 후 숨겨 두고 기뻐하며 돌아가서 자기의 소유를 다 팔아 그 밭을 사느니라(마태복음 13장 44절).

성경에 기록된 바로 이 말씀을 조금 풀어서 적어 보았습니다.

당신도 이 돌밭을 소유하시길 바랍니다. 성경을 읽으면 그 돌밭 속에 감춰진 보물을 발견할 수 있습니다. 그 보물은 다름 아닌 하나님의 말씀입니다. 또한 말씀이 육신이 되어 이 땅에 오신 예수 그리스도이십니다(요한복음 1장 14절).

성경을 읽으십시오. 보통의 속도로 성경을 읽으면 성경 전체를 약 80시간에 완독할 수 있습니다. 하루 15분씩만 투자하여 꾸준히 성경을 읽으면 일 년에 성경 전체를 일독하게 됩니다.

처음에는 성경이 어렵게 여겨지실 것입니다. 우리의 작은 두뇌로 하나님을 받아들이기가 쉽지는 않습니다. 하나님은 인간의 문자와 문장 속에 담을 수 없을 만큼 크신 분이십니다. 그러니 당연합니다.

성경은 우리가 평생 연구해도 다 깨달을 수 없는 깊은 진리와 은혜의 말씀으로 채워져 있습니다. 성령께서 기록하신 말씀이므로 성령의 도우심으로만 깨달을 수 있습니다. 은혜를 구하면서 은혜를 주시는 만큼만 읽어내십시오. 그 은혜의 깨달음 속에 당신은 진정 행복한 사람이 될 것입니다.

성령으로 말씀을 먼저 깨달은 사람의 도움을 받는 것도 좋습니다.

그리고 성경공부 모임에 참석하는 것 역시 도움이 됩니다. 다만 건전한 선교단체나 교회에서 운영하는 것인지 잘 살펴보셔야 합니다.

성경 말씀의 안내를 받아 살아가는 나날 속에 하나님의 은혜가 가득하시기를 기도합니다!

11.

성경은 어떤 능력이 있으며, 실제 우리 삶에 어떻게 적용되나요?

➔ 궁금하기도 하고 잘 믿어지지 않아요!

한 권의 책이 자신의 인생을 바꿔놓았다고 말하는 사람들이 간혹 있습니다. 어떤 사람은 소설 한 권이 자신을 이렇게 변화시켰다고 말합니다. 또 어떤 사람은 어릴 적 읽었던 위인전기 한 권이 지금 인생을 걸고 있는 그 직업을 갖게 했다고 말하기도 하지요.

성경이 정말 하나님의 말씀이라면 그 자체로 엄청난 능력을 갖고 있어야 할 것 같아요. 한 마디로 절대적인 진리의 힘이라고 할까, 그런 것이 있어야 하지 않을까요? 인간이 쓴 명작도 사람을 변화시키는 힘이 있는데 말입니다.

그런데 실제로는 성경을 대략 훑어보니 그 내용이 어렵더군요. 무슨 말씀인지 이해하기가 힘들더라고요.

또 한 가지 의문이 있습니다. '옛날에 기록된 성경을 현대를 살고 있는 우리에게 적용할 수 있는가?' 하는 질문입니다. 성경은 수천 년 전에 기록된 문헌이잖아요. 당연히 그 당시 사회의 문화적 배경 속에서 기록되었을 것입니다. 그런데 현대사회는 정말 급속한 사회적 변화에 따라 인간의 가치관 역시 많이 변했습니다. 21세기를 살아가고 있는 현대인에게 성경을 그대로 적용하는 것은 무리가 아닐까요?

➔ 성경은 진리의 힘을 갖고 있으므로 시대를 초월하여 '지금 여기' 있는 우리에게 적용됩니다.

두 가지 질문을 하셨네요. 하나는 성경이 어떤 능력이 있는가 하는 것이고, 다른 하나는 성경을 현대인에게도 무리 없이 적용할 수 있는가를 물으셨습니다.

두 가지 모두 성경에 깊은 관심을 가진 사람만이 할 수 있는 질문입니다. 그 구체적인 질문이 역시 구체적으로, 또 시원하게 해결되시기를 바랍니다.

맞습니다. 인간이 쓴 명작도 사람을 변화시키는 힘이 있습니다. 하나님의 말씀인 성경이야 두말할 필요조차 없지요. 성경은 어떤 능력이 있는가를 살펴봅시다. 이 질문은 성경을 어떻게 읽어야 하는가와 연관되어 있습니다.

성경은 사람을 완전히 변화시키는 능력이 있습니다.

성경에 기록된 하나님의 말씀을 읽고 변화된 사람은 수없이 많습니다.

어거스틴(354-430)은 젊은 시절에 방탕하여 10대에 사생아를 낳은 사람이었습니다. 아무도 그가 정상적인 사람이 되리라고 생각하지 못했지요. 그러나 그는 성경 로마서 13장 12-14절 말씀을 읽고 완전히 새사람이 되었습니다. 그 후 기독교 역사에 큰 발자국을 남긴 위대한 성인이 되었습니다.

조지 뮬러(1805-1898)는 비행 청소년이었고, 술주정뱅이였지요. 12세에 어머니가 사망했는데, 그날 밤에도 술에 취해 도박을 한 사람입니다. 하지만 그는 요한복음 3장 16절 말씀을 통해 거듭났습니다. 그는 《5만 번 응답받은 조지 뮬러의 기도》라는 책으로 유명하지요. 평생 1만 명이 넘는 고아를 돌보며 아름다운 헌신의 삶을 살았습니다.

손양원 목사(1902-1950)는 1948년 여순사건 때 자신의 두 아들을 잃었습니다. 그는 자신의 두 아들을 죽인 청년 양재선을 양아들로 삼았습니다. 원수까지도 사랑하라고 하신 성경 말씀이 그런 일을 하도록 이끌었지요. 나중에 손 목사를 취조하던 형사가 입에 물고 있던 담배를 떨어뜨리며 했던 말, "손양원 목사, 손양원 목사! 당신은 참으로 위대하십니다!"라는 말은 지금도 기억하는 사람들이 많지요.

안창호(1878-1938), 유관순(1902-1920) 등 우리 역사의 암흑기에 민족을 위해 헌신했던 분들이 그리스도인인 것은 결코 우연이 아닙니다. 목숨을 바쳐 독립을 외쳤던 민족대표 33인 중 16인이 기독교인입니다.

그들의 인생을 변화시킨 강력한 힘, 안일한 삶에서 벗어나 하나님의 뜻에 따라 살 수 있었던 것, 그 모든 것은 성경에 기록된 하나님 말씀이 주는 능력이었습니다.

그것은 지나간 역사에서만 찾을 수 있는 사례가 아닙니다. 지금 이 시대에도 성경 말씀에 사로잡혀 능력의 삶을 살아가고 있는 사람은 헤아릴 수 없을 정도로 많습니다.

> **하나님의 말씀은 살아 있고 활력이 있어 좌우에 날선 어떤 검보다도 예리하여 혼과 영과 및 관절과 골수를 찔러 쪼개기까지 하며 또 마음의 생각과 뜻을 판단하나니**(히브리서 4장 12절).

하나님의 말씀은 살아 있습니다. 그 말씀은 성인군자의 어록이 아닙니다. 우리를 도덕적인 사람이 되게 하는 윤리 교과서가 아닙니다.

교양서적도 아닙니다. 하나님의 말씀은 살아서 역동하며 우리를 변화시킵니다. 진리가 주는 힘입니다. 진리가 갖고 있는 능력입니다.

성경은 사람을 구원하는 능력이 있습니다.

하나님의 말씀이 능력이 있는 이유는 무엇일까요? 무엇 때문에 사람이 근본적으로 변하게 될까요? 다음 말씀을 집중하여 읽어보십시오.

> **또 어려서부터 성경을 알았나니 성경은 능히 너로 하여금 그리스도 예수 안에 있는 믿음으로 말미암아 구원에 이르는 지혜가 있게 하느니라**(디모데후서 3장 15절).

성경이 인생을 바꾸는 이유는 간단합니다. 인간의 영혼을 구원하기 때문입니다. 구원받은 영혼은 그 삶이 바뀌지 않을 수 없습니다. 삶의 목적이 달라집니다. 삶의 이유가 달라집니다. 그러니 자연히 사람이 바뀝니다.

구원받지 못한 영혼은 대부분 물질적 풍요와 현세적 행복을 좇으며 살아갑니다. 그러나 그것으로 사람이 진짜 행복을 누릴 수 있을까요? 인간은 영적 존재입니다. 이 땅의 자원만으로는 행복할 수 없는 존재입니다. 예수 그리스도를 믿어 구원을 얻고, 하나님과 교제해야 진짜 행복한 존재가 됩니다.

그렇습니다. 구원받아 거듭나면 영원한 세계가 있음을 알게 됩니다. 그런 사람은 당연히 이 땅의 부귀영화에 집착하지 않습니다. 남보다 조금 덜 소유해도 진짜 행복을 누릴 수 있습니다. 남보다 조금 더 힘들게 살아도 참된 행복을 누리게 됩니다. 당연히 삶이 달라지고 사람이 달라집니다.

이 땅에서의 삶은 언젠가 끝납니다. 누구에게나 끝이 옵니다. 인간의 영혼은 반드시 구원을 받아야 합니다. 성경은 그 구원을 선물로 줍니다. 그것은 성경이 가져다주는 인생 최대의 변화입니다. 최고의 행복입니다.

성경은 죄를 이기고 세상을 이기게 하는 능력이 있습니다.

성경은 승리의 책입니다. 하나님의 말씀은 죄를 이기게 하기 때문입니다. 죄를 이긴다는 것은 두 가지로 생각해 볼 수 있습니다.

하나는, 자신의 마음속에 있는 죄를 이기게 합니다. 극기(克己)란 말을 들어보셨지요. 국어사전에서는 이렇게 풀이하고 있습니다.

"자기의 감정이나 욕심 따위를 이성적인 의지로써 눌러 이김."

그러나 사람이 이성적인 의지로써 자기를 온전히 이길 수 있을까요? 인간 내면에서 끊임없이 분출하는 욕망과 욕구는 많은 경우 죄악과 연관되어 있습니다. 인간 내면의 죄악을 우리 스스로 이길 수 없습니다. 성경 말씀에 지배받을 때 사람은 그 죄악을 이길 수 있습니다.

성경은 또한 악한 영들을 대항하여 이기게 합니다. 우리가 살고 있는 세상에는 사탄, 곧 악령이 존재합니다. 이들은 영적 존재로서 하나님을 대적하고 인간들을 자기 하수인으로 삼습니다.

믿음을 갖기 전에는 우리 인간이 악령의 지배를 받고 있다는 사실을 잘 모르고 삽니다. 기독교 신앙을 갖는다는 것은, 저 악한 영들의 지배 아래에서 벗어나는 것을 의미합니다.

> **그런즉 너희는 하나님께 복종할지어다 마귀를 대적하라 그리하면 너희를 피하리라**(야고보서 4장 7절).

하나님께 복종하는 것은 곧 하나님의 말씀에 복종하는 것입니다. 말씀의 은혜 아래 있는 사람은 하나님의 말씀으로 마귀를 대적할 수 있습니다.

마귀는 성도를 단번에 알아봅니다. 성도를 두려워합니다. 하나님의 자녀가 된 것은 분명한 신분의 변화이기 때문입니다. 이것은 이론이 아닙니다. 실제적이고 현실적인 현상입니다. 하나님을 믿는 사람이 마귀를 대적하면 그는 도망을 치고 맙니다. 이러한 신비한 현상은 이 세상이 영적 전투장인 것을 말해줍니다.

우리 자신에게 마귀를 물리치는 능력이 있는 것이 아닙니다. 하나님 말씀이 가진 능력입니다. 하나님의 말씀은 신자를 마귀로부터 보호합니다.

> **무릇 하나님께로부터 난 자마다 세상을 이기느니라 세상을 이기는 승리는 이것이니 우리의 믿음이니라(요한1서 5장 4절).**

하나님의 말씀으로 거듭난 사람들은 자신을 지배하는 죄악을 이길 수 있습니다. 세상을 지배하는 악령을 이길 수 있습니다. 믿음이 주는 능력입니다.

성경은 '지금 여기'에 있는 '나'에게 적용할 수 있는 진리입니다.

당신은 또 다른 질문을 하셨습니다. '오래전에 기록된 성경을 현대인에게 적용할 수 있는가?' 하는 질문이었지요. 성경이 과연 21세기를 살아가고 있는 현대인에게도 유용한가, 그런 의문을 품으셨습니다.

그 의문은 이미 해결되셨을지도 모르겠군요. 앞서 말씀드린 성경이 가진 능력에 대한 설명으로 말입니다.

하지만 아직 그 의문이 남아 있으시다면, 이는 '말씀의 현재성'이라는 개념으로 금세 이해할 수 있을 것입니다. 하나님의 말씀은 늘 현재형입니다. 바로 오늘 현재를 사는 우리에게 주시는 말씀이지요.

하나님의 말씀이 기록된 시대와 공간을 뛰어넘어 현재적으로 작용합니다. 그것이 바로 말씀의 현재성입니다.

예를 들어드리면 쉽게 이해가 될 것입니다.

민수기 13-14장은 이스라엘의 지도자 모세와 여호수아가 행한 일이 기록되어 있습니다. 앞서 말씀드린 대로, 인간의 입술에서 나온 말이지만, 성령의 영감으로 선포한 말이므로 그것은 곧 하나님의 말씀입니다.

> 여호와께서 우리를 기뻐하시면 우리를 그 땅으로 인도하여 들이시고 그 땅을 우리에게 주시리라 이는 과연 젖과 꿀이 흐르는 땅이니라 다만 여호와를 거역하지는 말라 또 그 땅 백성을 두려워하지 말라 그들은 우리의 먹이라 그들의 보호자는 그들에게서 떠났고 여호와는 우리와 함께하시느니라 그들을 두려워하지 말라 하나 온 회중이 그들을 돌로 치려 하는데 그때에 여호와의 영광이 회막에서 이스라엘 모든 자손에게 나타나시니라(민수기 14장 8-10절).

하나님께서는 이스라엘 민족에게 약속하셨습니다. 젖과 꿀이 흐르는 땅, 가나안 땅을 주시겠다고 언약하셨지요. 그래서 지도자 모세는 그 땅을 정복하기에 앞서 정탐꾼 12명을 보내 그 땅을 살펴보게 했습니다. 그런데 10명의 보고는 매우 부정적이었지요. 그 땅을 악평했고 절대 승리하지 못할 것이라고 보고했습니다.

그러나 여호수아와 갈렙, 단 두 사람만이 그 땅을 향해 진격하자고 주장합니다. 그 근거는 오직 하나입니다. 하나님께서 하신 말씀, 곧 그 땅을 주시겠다고 하신 약속을 믿고 나아가자는 것입니다.

위에 인용한 성경 말씀이 바로 그 상황에서 여호수아와 갈렙이 외친 말입니다. 매우 잘 알려진 성경 내용이지요.

이 말씀은 특정한 상황에서, 특정한 민족에게 선포된, 특정인이 기록한 말입니다. B.C 1400년경에 있었던 일입니다. 그러니까 지금부터 3,400여 년 전의 사건입니다.

그런데 이 말씀이 21세기 현재를 살아가는 우리에게도 그대로 적용될 수 있을까요? 그렇습니다. 하나님의 말씀은 시공을 초월합니다. 우리가 이 말씀을 '지금, 여기에서 내게 하신 말씀'으로 믿고 적용할 때, 그 말씀의 능력이 그대로 나타납니다. 이것이 바로 말씀의 현재성입니다.

당시의 이스라엘 민족에게도 이 말씀은 이미 그 이전에 주어졌습니다. 그 당시 하나님께서 현장에서 바로 하셨던 말씀은 아닙니다. 하나님의 언약, 즉 가나안 땅을 주겠다는 말씀은 이미 오래전에 주어졌지요. 그러나 그들은 이미 주어진 그 약속의 말씀을 그대로 믿었습니다. 현재적으로 믿었던 것이지요. 또한 믿었을 뿐 아니라 행동에 옮겼습니다. 그럴 때 그 언약의 말씀대로 이끌어 가시는 하나님을 체험했던 것입니다.

우리가 살아가는 삶 속에서 위의 상황과 유사한 일을 겪을 때가 있습니다. 그럴 때 이 말씀을 자신에게 적용하게 됩니다. "하나님의 언약을 믿고 두려워하지 않겠습니다. 하나님, 제 삶에 함께하여 주옵소서!"라고 고백해 보십시오. 그럴 때 그 말씀의 능력이 우리 삶 속에 나타납니다. 그럴 때 신앙인들은 "하나님께서 역사하셨다"라고 말합니다. 하나님께서 자신의 삶 속에서 일하셨다는 뜻이지요.

'말씀의 현재성'을 달리 표현하면 '진리의 현재성'입니다. 진리가 주는 능력은 시대와 장소를 초월하기 때문입니다.

그러므로 기독교를 '말씀의 신앙'이라고 합니다. 우리는 하나님의 말씀으로 구원받고, 말씀으로 능력을 받습니다. 중요한 것은 그 말씀을 가감 없이 그대로 믿는가 하는 것입니다. 하나님의 말씀을 믿을 때에만 말씀의 능력을 경험하게 됩니다. 예수님도 우리의 믿음대로 될 것이라고 말씀하셨습니다(마태복음 9장 29절).

기독교는 자기 수양의 종교가 아닙니다. 살아 계신 하나님을 믿는 신앙입니다. 하나님을 믿는다는 것은, 곧 하나님의 말씀을 믿는 것입니다. 진리의 말씀을 믿을 때 우리 삶 속에 그 말씀의 능력이 나타납니다.

➔ 우리 삶에 적용하며 기도합시다!

어떤 사람이 사막에서 길을 잃었습니다. 해는 뉘엿뉘엿 지고 추위가 몰려왔습니다. 걱정이 엄습해왔습니다. 바로 그때, 나그네는 사람의 발자국을 발견했습니다. 그는 안도의 한숨을 내쉬었습니다. 그 발자국을 따라가면 살 수 있을 것 같았습니다.

그러나 아무리 열심히 발걸음을 옮겨도 사막의 끝은 보이지 않았습니다. 이윽고 밤이 되었습니다. 마음속 깊이 두려움이 몰려왔습니다. 더 이상 걸음을 옮길 힘이 없었습니다. 그만 그 자리에 주저앉고 말았습니다.

그런데 놀라운 발견은 바로 그때 일어났습니다. 지금까지 자신이 따라갔던 발자국은 다름 아닌 바로 자신의 것이었습니다. 그는 자기 발자국을 따라 빙빙 맴돌고 있었던 것입니다.

이런 현상을 윤형방황(輪刑彷徨) 또는 원형방황(圓形彷徨)이라고 합니다. 방향 감각을 잃은 채 원을 그리듯이 헤매는 현상을 이르는 말이지요.

실제로 한 등산객이 알프스에서 길을 잃은 지 13일 만에 구출된 적이 있었습니다. 그 사람은 매일 12시간 이상 사투를 벌이며 걸었습니다. 그런데 나중에 조사해 보니, 그는 길을 잃었던 장소로부터 반경 6km 안에서 빙빙 맴돌았다고 합니다.

사람에게 눈을 가리고 운동장에서 똑바로 걷는 실험을 해보면 매우 재미있는 현상을 발견하게 됩니다. 사람들은 대부분 직선으로 똑바로 걷지 못합니다. 약 20m 정도를 가게 되면 대개 3m 정도 치우치게 됩니다. 100m 이상을 가게 되면 결국 큰 원을 그리면서 빙빙 돌게 됩니다.

그런데 눈이 가려진 채로도 똑바로 걸을 수 있는 비결이 있습니다. 혹시 알고 계신가요? 약 30보를 걸어간 후 일단 멈춰 섭니다. 그리고 다시 처음 출발하는 마음으로 또다시 30보 정도를 걷습니다. 이렇게 몇 차례 정지했다가 걸으면 거의 일직선으로 걸을 수 있습니다.

그렇습니다. 우리는 인생길에서 30보 이상 걸어왔습니다. 이제는 잠시 멈춰 서야 할 때입니다. 그리고 다시 삶의 목표와 살아가는 이유를 가늠하고서 다시 새롭게 발걸음을 옮겨야 합니다.

아무리 열심히 살아도 삶의 희망이 보이지 않을 때가 있습니다. 걷고 또 걸어도 사막의 끝이 보이지 않을 때가 있습니다. 바로 그때, 그렇게 느낄 때가 중요한 시점입니다. 바로 그때, 그 자리에 무릎을 꿇고 앉으십시오. 그것이 현명함입니다. 그럴 때 자신의 걸음이 윤형방황이었다는 것을 깨닫게 됩니다.

때때로 살아가는 일이 허무하게 여겨질 때도 있습니다. 바로 그때가 삶의 지루함과 권태, 혼돈과 무의미에서 벗어날 시점입니다. 그 혼돈에서 벗어나 윤형방황을 끝내야 할 때입니다.

주의 말씀은 내 발에 등이요 내 길에 빛이니이다(시편

119편 105절).

하나님의 말씀은 우리 삶의 길을 비추는 등불입니다. 그 빛을 따라 걸어가는 삶은 안전합니다. 그리고 평안합니다.

인생은 딱 한 번 주어집니다. 누구에게나 그렇습니다. 누구나 한 번도 가보지 않은 인생길을 걷습니다. 그것은 마치 한 번도 경험하지 못한 비행기 조종간을 잡고 운행하는 것과 같습니다. 위험한 일입니다. 두려운 일입니다.

그러나 하나님의 말씀은 우리 인생길의 나침반입니다. 삶을 안내하는 내비게이션입니다. 나침반과 내비게이션의 안내를 받는 삶은 안전합니다. 평안합니다.

인생길을 안내하시며 함께 걸어주시는 하나님을 만나십시오. 그 좋으신 하나님은 늘 말씀으로 다가오십니다. 진리의 말씀이 그대의 영혼 깊은 곳까지 다가오기를 기도합니다!

제5장

교회는 어떤 곳인가요?

12. 교회를 예배당, 또 성전이라고도 하던데 뭐가 맞는 말인가요?

12.

교회를 예배당, 또 성전이라고도 하던데 뭐가 맞는 말인가요?

➔ 궁금하기도 하고 잘 믿어지지 않아요!

교회에 처음 나왔을 때 낯설게 여겨지는 것들이 많았습니다. 교회에서 사용하는 말들이 가장 그랬습니다.

'아멘'이라는 말이 제일 생소했어요. 아마 예배에 처음 참석한 사람들은 대개 그럴 것입니다. 예배를 마치고 바로 휴대폰에서 검색해 보았지요. 아멘이 뭔가 하고요. "기도나 찬송 또는 설교 끝에, 자기도 진실로 그 내용과 같이 되기를 원한다는 뜻으로 하는 말." 이렇게 설명하고 있더군요.

그런 말들은 앞으로 차츰 익숙해지겠지요. 그런데 낯선 것보다 더 어려운 것이 있습니다. 헷갈리는 말이 있다는 것입니다.

'교회'란 말이 그렇습니다. 어떤 사람들은 교회를 예배당이라고 하더라고요. 그런데 조금만 생각해 봐도 교회와 예배당은 같은 말이 아닌 듯합니다. 또 예배 시간에 장로님이 대표 기도하실 때는 교회를 '성전'이라고 하시더라고요.

왜 이렇게 여러 가지 단어가 함께 사용되고 있는지요. 여기에는 제가 모르는 다른 이유가 있겠지요?

이런 내용은 혼자서 깨닫기가 어렵습니다. 설명을 들어야 이해가 될 것 같습니다.

➔ 교회, 예배당, 그리고 성전은 각기 다른 말입니다.
정확한 이해는 바른 믿음을 갖게 합니다.

매우 중요한 말씀을 하셨습니다. 신자들이 교회와 예배당, 그리고 성전이라는 단어를 대개 구별하지 않고 사용하고 있지요. 그렇습니다. 당신의 생각처럼 이 단어에 대한 정확한 이해가 필요합니다. 그것은 신앙적인 지식을 갖추기 위해서가 아닙니다. 이 단어들에 대한 바른 이해가 우리의 믿음을 바르게 이끌기 때문이지요. 그래서 무척 중요한 부분입니다.

예배당은 건물이고, 교회는 신자들의 공동체입니다.

먼저, 교회와 예배당에 대해 살펴봅시다. 대개 사람들은 교회라고 하면 예배드리는 장소를 생각합니다. 가령, "내가 다니는 교회는 ○○동에 있어요"라고 할 때처럼 말입니다. 그럴 때 교회는 눈에 보이는 건물을 말하지요.

이처럼 예배드리는 장소인 건물을 지칭할 때는 예배당이라고 하는 것이 정확합니다. '집'과 '가정'이 서로 다른 것을 생각하면 쉽게 이해가 되실 것입니다. 집은 눈에 보이는 건물이지만, 가정은 가족들이 살아가는 공동체를 말하잖습니까?

교회와 예배당을 혼동하게 되면 교회의 본질을 혼동하게 됩니다. 교회를 잘못 받아들이게 되지요. 그러니까 건물의 크기와 외형, 각종 시설과 교회 환경 등을 보고 교회를 인식하기 쉽다는 것입니다. 교회는 예배당이 아닙니다.

그렇다면 교회는 무엇일까요? 교회란 한마디로 '하나님을 믿는 사람들의 모임'입니다. 그러니까 신자들의 공동체이지요. 성경을 기록한 원어에서는 '에클레시아'란 단어를 사용합니다. 이 단어의 원래의 뜻을 잘 들여다볼 필요가 있는데요, 교회의 본질을 우리에게 정확하게 가르쳐주기 때문입니다.

'에클레시아'의 뜻은, '불러냄을 받은 사람들의 모임'이란 의미입니다. 어디에서 불러냄을 받았다는 것일까요? 진리가 없는 저 어두운 세상에서 불러냄을 받았다는 것입니다. 인생의 모든 일이 "헛되고 헛되며 헛되고 헛되니 모든 것이 헛되도다"(전도서 1장 2절)라고 기록된 말씀처럼, 우리는 저 헛된 세상에서 불러냄을 받았습니다. 혼돈과 무의미의 세상에서 진리의 세계로 초청받은 것이지요. 그렇게 불러냄을 받은 사람들이 모인 공동체, 그것이 바로 교회입니다.

그렇다면 누가 불러냈다는 것일까요? 당연히 예수님께서 불러내신 것이지요. 우리를 구원하기 위해서 말입니다. 다음 성경 말씀이 이를 정확하게 전해줍니다.

> 고린도에 있는 하나님의 교회 곧 그리스도 예수 안에서 거룩하여지고 성도라 부르심을 받은 자들과 또 각처에서 우리의 주 곧 그들과 우리의 주 되신 예수 그리스도의 이름을 부르는 모든 자들에게(고린도전서 1장 2절).

이 짧은 말씀 속에 많은 내용이 함축되어 있습니다. 밑줄 친 부분을 집중해서 살펴봅시다.

1. '하나님의 교회'

교회는 하나님께서 친히 세우셨습니다. 교회의 머리는 예수 그리스도이십니다(에베소서 1장 22절; 골로새서 1장 18절). 그러므로 교회의 주인은 목사나 장로가 아닙니다. 그렇다면 성도 모두의 공동 소유일까요? 그것도 아닙니다.

교회는 주인이신 하나님께서 다스리십니다. 예배당 건물은 인간의 손으로 건축됩니다. 그러나 그 예배당 안에 이루어진 '믿는 자들의 모임'인 교회는 하나님께서 친히 이루어가십니다. 따라서 우리가 하나님의 교회의 진실한 신자가 되면 하나님의 다스리심을 받게 됩니다.

2. '교회 곧 그리스도 예수 안에서 거룩하여지고 성도라 부르심을 받은 자들'

교회는 건물이 아님을 명백히 가르쳐주시는 말씀입니다. 교회는 '곧 그리스도 예수 안에서 거룩하여지고 성도라 부르심을 받은 자들'의 모임입니다.

'성도'는 거룩하게 된 사람들이라고 말씀하고 있습니다. '거룩'을 국어사전에서는, '성스럽고 위대함'으로 풀이하고 있지요. 하지만 성경에서 거룩하다고 할 때는 '구별되다'는 뜻입니다. 어두운 이 세상에서 하나님의 부르심을 받아 교회에 들어온 사람은 누구나 거룩한 자, 곧 성도가 되는 것입니다. 이 세상을 지배하는 악한 영적 존재로부터 구별되었기 때문입니다. 또한 이 세상을 관통하는 세속적 가치관으로부터 구별되었기 때문입니다.

교회는 건물도 아니고, 조직 자체도 아닙니다. '성도라 부르심을 받은 자들', 그들이 곧 교회이지요. 위의 성경 말씀이 그것을 명백히 가르쳐주고 있습니다.

3. '우리의 주 되신 예수 그리스도의 이름을 부르는 모든 자들'

교회가 구원받은 사람들의 모임이라면, 구원은 어떻게 받을까요? 이 말씀대로 구원은 '예수 그리스도의 이름'을 부르는 사람들이 받게 됩니다.

김춘수(1922-2004)의 '꽃'이란 아름다운 시를 기억하시지요.

내가 그의 이름을 불러 주기 전에는
그는 다만
하나의 몸짓에 지나지 않았다

내가 그의 이름을 불러 주었을 때
그는 나에게로 와서
꽃이 되었다

〈이하 생략〉

오늘도 우리는 수많은 사람을 스쳐왔습니다. 길거리에서, 일터에서 그렇게 아무 의미 없이 스치듯 지나쳤습니다. 서로를 진정 의식하지 않고 다만 스치는 바람처럼 여길 때, 상대방은 단순한 '몸짓'에 불과하지요. 이 시에서 '몸짓'은 아무런 '의미 없는 존재'란 뜻입니다.

그러나 우리가 어떤 존재의 이름을 불러 주었을 때, 그는 꽃으로 다가옵니다. 이름을 부른다는 것, 그것은 상대방을 나에게 '의미 있는 존재'로 인식하고 받아들인다는 뜻이지요.

실로 그렇습니다. 이 세상은 수많은 전도자가 있어도 그들의 말을 한 귀로 듣고 흘려버리면 그 복음은 나와 아무런 상관이 없습니다. 그러나 어느 날 성령의 감동으로 예수 그리스도라는 이름이 마음을 비집고 들어오면 상황은 달라집니다. 예수 그리스도를 진정 구세주로 인식하고 그 이름을 부를 때, 그 사람은 구원을 받습니다.

예배당은 성전이 아닙니다. 당신이 성전입니다!

당신은 앞에서 이런 질문을 하셨습니다. 교회를 가리켜 성전이라고 부르는 것을 들으신 적이 있다고 하셨지요. 모든 성도가 짚고 넘어가야 할 중요한 의문을 던지셨습니다. 결론부터 말씀드리면 이는 정확한 표현이 아닙니다.

구약 성경에서는 성전이라는 단어가 많이 등장합니다. 성전(聖殿)은 글자 그대로 '성스러운 전당'이라는 뜻입니다. 건물 그 자체가 성스럽다기보다는 하나님께서 계시는 곳이므로 성스러운 것이지요.

그런데 신약 시대에 오면, 예수님께서는 자신이 성전이라고 말씀하십니다(요한복음 2장 21절). 왜 그럴까요? '하나님께서 계시는 곳'이 성전이니까, 하나님과 하나이신 예수 그리스도의 몸이 성전이 되는 것이지요.

그런데 다음 말씀을 주의 깊게 읽어보십시오. 정말 놀라운 말씀입니다!

> **너희는 너희가 하나님의 성전인 것과 하나님의 성령이 너희 안에 계시는 것을 알지 못하느냐**(고린도전서 3장 16절).

하나님과 하나이신 예수님이 성전이시듯이, 이제는 우리 성도가 성전이 되었습니다. 성도의 몸이 곧 성전이 된 까닭은 무엇일까요? 하나님이신 성령께서 우리 안에 계시기 때문입니다.

우리가 살아 계신 하나님의 성전이라는 사실은 올바른 신앙생활로 우리를 이끌어줍니다. 이런 깨달음과 믿음은 우리가 어떻게 신앙생활을 해야 할지를 일깨워주지요.

예배당을 성전이라고 생각한다면 예배당 안에만 계시는 하나님을 믿고 경배하게 될 것입니다. 예배당을 벗어나면 마치 하나님이 계시지 않는 듯 살아가기 쉽지요. 그러나 예수 그리스도를 믿어 성령 하나님을 모신 우리 신자는 그렇게 살 수 없습니다. 우리가 성전이기 때문입니다. 하나님께서 우리 안에 계시기 때문입니다.

이 믿음을 가진 신자는 신앙과 삶이 일치하게 됩니다. 예배당 안에서와 밖에서의 삶이 다르지 않게 됩니다. 얼마나 놀라운 일입니까? 얼마나 엄청난 은혜입니까?

신자들은 한 몸으로 서로 지체입니다.

교회는 믿는 사람들의 모임이라고 했습니다. 그 모임은 곧 예수의 몸을 이룹니다. 그 몸의 주인은 당연히 예수 그리스도이십니다(에베소서 1장 22-23절). 그래서 교회에서는 신자들을 지체(肢體)라고 표현합니다. 지체란 팔, 다리 등 온몸을 이루는 구성 요소를 말하지요. 고린도전서 12장에는 우리에게 매우 익숙한 비유가 나옵니다.

> **만일 온몸이 눈이면 듣는 곳은 어디며 온몸이 듣는 곳이면 냄새 맡는 곳은 어디냐 그러나 이제 하나님이 그 원하시는 대로 지체를 각각 몸에 두셨으니 만일 다 한 지체뿐이면 몸은 어디냐 이제 지체는 많으나 몸은 하나라**(고린도전서 12장 17-20절).

우리 신자는 교회를 형성하는 구성 요소입니다. 우리는 교회의 지체입니다. 따라서 신자들은 서로를 존중하며 교회를 이루어가야 합니다.

> 눈이 손더러 내가 너를 쓸 데가 없다 하거나 또한 머리가 발더러 내가 너를 쓸 데가 없다 하지 못하리라 (고린도전서 12장 21절).

교회 안에는 다양한 사람들이 존재합니다. 출생지와 성장 배경, 직업이나 가치관 등이 정말 서로 다른 사람들이 모여 있습니다. 교회가 아니라면 서로 말 한 마디 나눌 가능성이 전혀 없는 사람들이지요. 그런 사람들이 모여 신앙의 공동체인 교회를 이룹니다. 그러므로 교인들은 서로의 다름을 인정하며 서로 존중해야 합니다.

우리 모두는 서로 다른 은사(恩賜)를 받았습니다. 은사란 '은혜의 선물'이란 뜻입니다. 하나님께서 선물처럼 주신 재능을 말하지요. 우리는 서로 다른 은사를 활용하여 서로 협력해야 합니다. 그래야 행복하고 아름다운 신앙생활을 할 수 있습니다.

➔ 우리 삶에 적용하며 기도합시다!

옛날이야기 하나 들어보세요. 아마 어디서 들어보신 적이 있을 것입니다.

옛날 부녀자의 규방에는 일곱 가지의 바느질 도구가 꼭 있어야 했지요. 어느 날, 이 일곱 친구가 서로 다투며 목소리를 높였습니다. 옷을 만드는 데에 자기 공이 으뜸이라는 것이었지요.

먼저 척 부인(자)이 긴 허리를 뽐내며 나섰습니다. “아무리 좋은 비단이 있다 해도 내가 길고 짧으며 넓고 좁음을 정확히 재어야 옷이 만들어질 게 아닌가!”

그러자 교두 각시(가위)가 양다리로 성큼성큼 달려와서 말합니다. “척 부인아! 그대 아무리 옷감을 잘 재어놓아도 내가 베어내지 않으면 그게 옷이 되겠느냐?”

이때, 세요 각시(바늘)가 가는 허리와 날랜 부리를 흔들며 끼어듭니다. “무슨 소리냐. 진주 열 그릇이 있다 한들 꿴 후에야 보배인겨. 옷감을 재고 자른들 내가 있어 잘게 뜨며 굵게 박음질하지 않으면 뭘혀?”

그러자 청홍 각시(실)가 얼굴을 붉히며 항변합니다. “세요야, 네 공이 바로 내 공이라. 이 청홍 각시가 없으면 어찌 바느질이 되겠느냐!”

감토 할미(골무)는 점잖게 한 말씀 거드십니다. “우리 아씨가 바느질을 할 적에 손부리 아프지 않게 하는 공을 그 어디에 비하랴!”

인화 낭자(인두)도 빠지지 않습니다. “그대들 너무 다투지 마시오. 바느질 재주 없는 사람이 곱게 박음질을 못해도 내 손이 한번 쓱 지나가면 깨끗하게 펴지니 세요의 공이 나 없으면 어찌 빛나리오.”

끝까지 듣고 있던 울 낭자(다리미)가 큰 입을 벌리고 너털웃음을 웃습니다. “인화야, 너는 나와 소임이 비슷하구나. 하지만 너는 침선에만 쓰이지만, 난 천만 가지 의복에 아니 참예하는 곳이 없단다. 빨아 널어둔 저 많은 옷을 보아라. 나 아니면 어찌 저 옷들을 단정하게 입을 수 있으리오.”

모두들 이렇게 자기가 최고라며 자랑을 늘어놓았습니다. 이때 사람만큼은 만물을 다스리는 자답게 좀 위엄을 지키면 좋으련만 그 역시 공치사를 했습니다.

"일곱 친구의 공으로 옷이 만들어지는 것은 사실이나, 그 공이 사람의 손끝에 달렸으니 어찌 너희들이 자기 공로를 내세울 수 있겠느냐?"

그렇게 말한 여인은 일곱 친구를 구석으로 쓰윽 밀치더니 베개를 돋우고 낮잠을 청하더라는 이야기입니다.

사물을 사람처럼 의인화한 우화입니다. 고대 수필인 '규중칠우쟁론기'(閨中七友爭論記)라는 글을 풀어서 옮겨 보았습니다.

교회에는 다양한 성격과 재능을 지닌 사람들이 모여 있습니다. 서로 '다르다'는 사실을 서로 '틀리다'로 여기지 말아야 합니다. '다르다'는 것은 '같지 않다'는 뜻이지요. '틀리다'는 것은 '옳지 않다'는 뜻이고요. 우리는 서로 틀리지 않고 다를 뿐입니다. 그러니 각자의 개성과 재능을 인정하며 존중해야 합니다.

아무 일에든지 다툼이나 허영으로 하지 말고 오직 겸손한 마음으로 각각 자기보다 남을 낫게 여기고(빌립보서 2장 3절).

우리는 서로 다르지만 아름다운 조화를 이룰 수 있습니다. 교회는 혼돈의 세상에서 진리의 세계로 불러내심을 받은 사람들의 모임이라고 말씀드렸습니다. 그것만으로도 우리는 하나님 안에서 '하나'가 될 수 있습니다. 하나님께 받은 사랑이 있으니까요. 그 받은 사랑으로 서로를 섬길 때, 우리의 교회는 아름다운 신앙 공동체가 될 것입니다.

하나님의 초청을 받아 교회의 일원이 되신 그대를 다시 한 번 축하하며 축복합니다!

제6장

신앙생활은 어떻게 하는 것인가요?

13. 예배는 어떻게 드려야 하나요?

14. 기도는 어떻게 하는 것인가요?

15. 교회에 등록하면 어떤 과정을 거쳐 신앙생활이 이루어지나요?

13.

예배는 어떻게 드려야 하나요?

➔ 궁금하기도 하고 잘 믿어지지 않아요!

교회에 나와 처음 예배에 참석한 날, 저는 무척 놀랐습니다. 제가 막연히 생각했던 예배 분위기와는 달랐기 때문입니다.

주일 오전 예배가 시작되기 전에 예배당에 들어섰지요. 대략 15분 전쯤이었을 것입니다. 교회 안에는 이미 많은 사람이 와 있었습니다. 그들은 박수를 치며 노래를 부르고 있었지요. 무대 앞에는 기타를 든 사람들이 분위기를 이끌어가고 있었고요. 좀 어수선하게 느껴졌습니다.

예배는 엄숙하고 진지해야 하는 것 아닌가요? 인간이 신 앞에서 마음을 드리는 것이잖아요!

또 예배와 연관하여 부담되는 것을 하나 털어놓겠습니다. 예배 참석을 너무 강요받는 기분입니다. 무슨 일이 있어도 주일 예배는 꼭 참석해야 한다고 하니 솔직히 부담스럽습니다.

저도 예배를 드리고 나면 왠지 마음이 편안해지는 걸 느낍니다. 그 정도라도 제게는 참 많은 변화지요. 그러나 늘 그렇지는 않습니다. 어떤 때는 설교 내용이 도무지 이해되지 않고요, 간혹 마음이 더 닫혀버릴 때도 있습니다. 그러니 마음이 내킬 때 자발적으로 예배에 참석하도록 좀 배려해줬으면 합니다.

차츰 믿음이 좋아지면 자연스럽게 예배에 빠지지 않게 되겠지요. 지금 믿음이 거의 없는 사람에게 예배 참석을 강조하다 보면 오히려 역효과도 생길 수 있을 것 같아요!

➔ 예배는 예배답게 드려야 합니다.
그 예배다움이란 무엇일까요?

예배는 당연히 엄숙하고 진지하게 드려야 합니다. 그래서 과거 한때는 예배드릴 때 박수를 치지 못하게 했던 적도 있었지요. 기타 같은 악기 사용도 꺼렸던 때도 있었습니다.

한편 예배는 축제가 되어야 합니다. 그러나 예배는 콘서트가 아닙니다. 예배는 하나님을 향한 최고의 존경과 감사를 표현하는 축제여야 합니다. 그러나 예배는 인간의 즐거움과 기분에 도취하여 즐기는 콘서트가 되어서는 안 됩니다.

예배는 신자에게 주어지는 권리이자 의무입니다. 한 사람이 기독교인인가, 아닌가는 그가 예배를 드리는가, 드리지 않는가로 결정되지요. 한 영혼이 참된 하나님의 자녀인가, 아닌가는 그가 참된 예배를 드리는가, 그러지 않는가로 결정됩니다.

참된 예배란 성령과 진리로 하나님께 드리는 것입니다.

영국의 신학자 에블린 언더힐(1875-1941)은 예배에 대해 매우 간결한 정의를 내렸습니다.

"예배는 최고의 가치와 존경심을 가지고, 하나님께 전인격적으로 반응하는 인간의 가장 거룩하고 아름다운 헌신이다."

그렇습니다. 예배란 하나님께 전인격적으로 반응하는 것입니다.

예배를 어떻게 드리라는 말씀이 성경에 있을까요? 당연히 있지요. 예배자에게 주시는 분명한 지침이 성경에 제시되어 있습니다.

하나님은 영이시니 예배하는 자가 영과 진리로 예배할 지니라(요한복음 4장 24절).

이 말씀이 얼른 이해가 안 될 수도 있을 것입니다. 쉽게 설명해 보겠습니다.

먼저, '하나님은 영이시니'에 대해 생각해 봅시다. 하나님은 육체를 가지신 분이 아니시란 말씀이지요. 하나님은 영이시므로 눈에 보이지 않습니다. 그러나 분명히 존재하는 분이십니다. 영이신 하나님께서는 우리 인간 역시 영적인 존재로 창조하셨습니다. 그러므로 영적 존재로 지음을 받은 우리 인간은, 영이신 하나님께 마땅히 예배를 드려야 합니다.

다음으로, '예배하는 자가 영과 진리로 예배'한다는 의미를 생각해 봅시다. '영과 진리로'는 '성령과 진리로'의 뜻입니다. 그러니까 예배는 성령으로 드려야 한다는 것입니다. 성령은 하나님께서 우리에게 보내신 영이십니다. 그 성령의 이끄심에 의해 예배드리라는 것이지요. 인간의 생각과 감정에 사로잡힌 예배를 드려서는 안 되는 것입니다.

'진리로 예배'한다는 말은 무슨 뜻일까요? '진리'는 곧 예수 그리스도이십니다. "내가 곧 길이요, 진리요 생명"이라고 말씀하신 분이 바로 예수님이십니다(요한복음 14장 6절). 진실한 예배는 우리 죄를 용서하신 예수님의 이름으로 드리는 것입니다.

이를 요약하면, 진실한 예배는 성령의 이끄심에 따라 예수 그리스도의 이름으로 하나님께 드리는 것입니다. 그렇습니다. 참된 예배는 삼위일체 하나님께 마음을 다하여 드려야 합니다.

이렇게 참된 예배를 드릴 때 성도는 은혜를 경험합니다. 하나님께서 함께 하시는 것을 느끼게 됩니다. 인간의 언어로 설명할 수 없는 영적 기쁨을 누리게 되지요.

> **그러므로 형제들아 내가 하나님의 모든 자비하심으로 너희를 권하노니 너희 몸을 하나님이 기뻐하시는 거룩한 산 제물로 드리라 이는 너희가 드릴 영적 예배니라** (로마서 12장 1절).

그렇게 기쁨으로 드리는 예배가 바로 하나님이 기뻐하시는 거룩한 산 제물로 드리는 영적 예배입니다. 간혹 이런 모습을 보고서, 예배에 처음 참석하시는 분들이 오해할 수도 있을 것입니다. 너무 혼란스럽다고 느낄 수도 있을 것입니다.

하지만 겉모습만 판단하지 마십시오. 하나님께서 주시는 기쁨이 가슴 벅차게 밀려올 때 어떤 사람은 목청껏 찬양을 드립니다. 또 어떤 신자는 흐느끼기도 하고, 어떤 경우는 통곡을 하기도 합니다. 진실로 경험해 본 사람만이 아는 참된 기쁨과 감사의 표현이지요!

예배, 하나님과 나누는 소통과 교제의 시간입니다.

예배는 여러 가지 순서로 이루어집니다. 하지만 모든 예배는 크게 두 부분으로 나눌 수 있습니다.

하나는 신자들이 하나님께 영광 돌리며 경배하는 것입니다. 기쁨으로 찬양을 드리고, 또 기도하며 하나님께 나아가는 부분이지요.

'임재'(臨在)라는 단어가 있습니다. 하나님께서 그 자리에 임하신다, 다시 말해 찾아오신다는 뜻이지요. 얼마나 영광스러운 일입니까? 하나님께서는 예배자를 찾아오십니다. 그러니 마음을 다하여 그분께 찬송하며 기도하는 것입니다.

찬양대가 찬송을 부를 때, 당신 자신도 함께 찬송한다는 믿음으로 집중하십시오. 장로님이 대표기도를 할 때도, 당신 자신도 함께 기도한다는 믿음으로 집중하십시오.

예배의 다른 한 부분은, 하나님께서 내려 주시는 은혜를 받아 누리는 것입니다. 설교를 듣는 것이 바로 그런 시간이지요. 하나님께서는 예배에 참석한 신자들에게 꼭 필요한 말씀을 공급하십니다. 마음을 열고 설교에 집중하십시오. 설교자의 입술을 통해 '하나님께서 나에게 말씀하신다'는 믿음으로 들으십시오. 그럴 때, 그 설교 말씀이 내 형편을 아시는 하나님께서 '내게 하시는 말씀'으로 들려올 것입니다.

부담스러운 예배입니까? 기다려지는 예배입니까?

매주일마다 예배에 참석하는 것이 부담스럽다고 말씀하셨지요. 어쩌다 예배에 빠지게 되면 인도자가 전화를 하거나 직접 찾아오기도 하지요. 그것 역시 또 다른 부담이 되실 것입니다.

당신에게 주일마다 예배 참석을 권유하는 그분 역시 처음에는 그랬을 것입니다. 예배가 부담스러웠을 것입니다. 당신처럼 말입니다. 대부분 성도가 그런 과정을 겪습니다.

예수 그리스도를 믿는 신자는 그리스도의 신부입니다. 성경에서는 곧잘 그렇게 비유합니다(아가 4장 10절; 이사야 62장 5절; 마태복음 25장 1절; 요한복음 3장 29절).

그렇다면 이제 당신은 예배 참석에 대한 부담을 좀 내려놓으셔도 좋지 않을까요? 당신은 지금 주님과 연애를 시작한 것이니까요. 당신은 주님을 신랑으로 받아들이는 과정에 있습니다.

지금 당장은 그 사랑이 제대로 느껴지지 않을 수도 있습니다. 그러니 주일마다 예배에 참석하는 것이 부담스러울 수밖에요. 하지만 기억하십시오. 중요한 것은, 그 사랑을 느끼고 깨닫기 위해서는 자주 그분을 만나야 한다는 것입니다. 자주 만나야 정이 듭니다. 자꾸 만나야 서로를 알게 됩니다.

"알게 되면 사랑하게 되고, 사랑하게 되면 참되게 보게 된다."

조선 시대 학자 유한준(1732-1811)이 남긴 문장입니다. 그렇습니다. 당신도 예수님이 어떤 분인가를 알게 되면 그분을 사랑하게 될 것입니다. 주님께서 당신을 얼마나 사랑하시는가를 곧 아시게 될 테니까 말입니다. 사랑에 빠지면 당신은 그분을 자꾸 만나고 싶어질 것입니다.

그렇게 되면 당신도 곧 예배에 참석하는 것이 부담스럽지 않게 될 것입니다. 사랑하는 사람을 만나러 가는 길이 부담스러운 사람은 없지요. 오히려 설렘이 될 것입니다. 기다려질 것입니다. 다만 그때까지 주님을 좀 더 알아가는 일에 집중하시면 좋겠습니다.

> **그러므로 믿음은 들음에서 나며 들음은 그리스도의 말씀으로 말미암았느니라**(로마서 10장 17절).

믿음은 하나님의 말씀을 들어야 생깁니다. 예배 참석을 통해 말씀을 들으십시오. 그 말씀은 당신을 향한 달콤한 사랑의 속삭임입니다.

예배는 속박이 아니라 자유를 선사합니다.

화창한 일요일, 자유롭게 놀러 가지도 못하고 꼬박꼬박 예배에 참석하는 기독교인들이 어떻게 보이셨나요? 참 고리타분한 사람으로 보였지요. 믿음을 갖기 전에는 대부분 그러실 것입니다. 세상에 널린 즐거움과 담을 쌓고 사는 재미없는 사람들로 여기기도 하지요.

어린 시절, 연을 날려본 기억이 당신에게도 있을 것입니다. 겨울바람이 쌩쌩 부는 날, 언 손을 호호 불며 연을 날리던 추억 말입니다.

연은 하늘 높이 오를수록 연줄을 통해 팽팽한 즐거움을 선사합니다. 연은 그 연줄의 팽팽함을 통해 더 높이 날고 싶은 소망을 우리에게 전달하지요. 그럴 때, 연줄을 서서히 풀어주면 연은 잠시 휘청거리다가 이내 균형을 잡습니다. 그리고 더 높이 올라갑니다.

연의 입장에서 생각하면, 연줄은 곧 속박입니다. 연줄이 없다면 더 높이 자유롭게 날아오를 것이니까 말입니다.

하지만 만약 연줄을 뚝 끊어버리면 어떻게 될까요? 연줄에 묶여 있지 않으니 마음껏 하늘을 날아오를 수 있을까요? 몇 초 동안은 완전한 자유를 누리겠지요. 그러나 그 연은 이내 땅바닥으로 곤두박질쳐 버릴 것입니다. 사실 연은 연줄에 묶여 있었으므로 하늘 높이 오를 수 있었던 것입니다.

그리스도인이 하나님께 매여 있는 듯 보이고, 예배에 얽매여 있는 듯 보이십니까? 예배에서 벗어나면 자유롭게 살아갈 수 있을 것처럼 보입니까? 연줄에 매여 있어서 연이 하늘을 자유롭게 날 수 있는 것처럼, 우리 신자 역시 하나님의 사랑에 매여 있으므로 평안하게 살 수 있는 것입니다.

하나님의 진리에 묶여 있지 않은 영혼은 방황합니다. 예배에 묶여 있지 않은 인생은 추락하고 맙니다.

예배는 속박이 아닙니다. 그대의 삶을 더 높은 하늘로 안전하게 날아오르도록 돕는 연줄입니다. 실제로 신자의 삶이 그것을 증명합니다. 주 예수 그리스도를 믿어 하나님의 자녀가 되어 행복하게 사는 이들이 그것을 증명합니다.

> **진리를 알지니 진리가 너희를 자유롭게 하리라**(요한복음 8장 32절).

진리는 우리 인생에게 자유를 선사합니다. 하나님의 말씀은 진리입니다. 예배를 통해 진리를 만나십시오.

"만약 당신이 하나님께 항복하지 않으면, 당신은 큰 혼돈에 항복하게 될 것입니다."

인도의 성자라고 불렸던 미국의 선교사 스탠리 존스(1884-1972)가 남긴 말입니다. 저는 이 명언을 이렇게 바꿔보고 싶습니다.

"만약 당신이 예배라는 연줄에 매여 있지 않으면, 당신은 세상의 온갖 죄악의 연줄에 매여 있게 될 것입니다."

➔ 우리 삶에 적용하며 기도합시다!

교회 다니는 사람들이 이런 말을 종종 합니다. 예수님을 인격적으로 만나야 한다고 말입니다. 앞에서 살펴보신 대로 예수님은 신격과 인격을 동시에 갖고 계십니다. 그러니 주님을 나의 신랑처럼, 때로는 나의 친구처럼 여기는 믿음도 필요하지요.

그 예수님은 예배를 통해 당신을 깊이 만나주십니다. 인격적으로 말입니다. 그래서 신자들은 예배 시간에 자신의 눈앞에 예수님이 계신 것을 의식하고 찬양하고 기도하는 것입니다.

당신도 그런 예배를 드려보십시오. 예배 시간에 주님의 임재를 경험해 보십시오. 엄숙함과 거룩함을 강조한 나머지 예배를 구경하듯 가만히 앉아 있지 마십시오. 주님께 마음을 집중해 보십시오. 옆 사람을 의식하지 말고, 오직 예수 그리스도를 의식하십시오. 그럴 때 주님께서 당신의 마음에 찾아오시는 것을 느끼실 것입니다.

기독교 신앙은 관념적이지 않습니다. 살아 계시는 하나님을 성령의 감동으로 만나는 것입니다. 십자가에서 내 죄를 속량하신 예수님을 경험하는 것입니다.

그럴 때 당신은 예배를 통해 지금까지 경험하지 못했던 은혜를 체험하게 될 것입니다. 예배를 통해 은혜를 받게 되면 우리 마음속에 변화가 찾아옵니다. 그 대표적인 것이 바로 마음의 평안이지요.

하나님을 내 아버지로 모셨으니 당연한 일 아니겠습니까? 하나님의 아들 예수 그리스도가 내 죄를 대신 담당하시고 돌아가셨다는 것을 믿게 되었으니 당연히 평안과 기쁨이 넘치게 됩니다.

이 날 곧 안식 후 첫날 저녁 때에 제자들이 유대인들을 두려워하여 모인 곳의 문들을 닫았더니 예수께서 오사 가운데 서서 이르시되 너희에게 평강이 있을지어다(요한복음 20장 19절).

우리 주님께서 부활하신 후 제자들에게 찾아오셔서 가장 처음으로 하셨던 말씀 역시 '평강의 선포'였습니다.

인간에게는 누구나 두려움이 있습니다. 미래에 대한 두려움도 있고, 죽음에 대한 두려움도 있습니다. 그뿐만이 아니지요. 인간은 누구나 마음속 깊이 상처를 감추고 있습니다. 낙심할 때도 있고 두려움과 무력감에 빠질 때도 있습니다. 열등감과 분노감이 없는 사람 역시 아무도 없습니다.

예수 그리스도를 믿으면 이런 부정적 감정에서 벗어나게 됩니다. 우리 주님은 우리에게 평강을 주시는 분이기 때문입니다.

아무것도 염려하지 말고 다만 모든 일에 기도와 간구로, 너희 구할 것을 감사함으로 하나님께 아뢰라 그리하면 모든 지각에 뛰어난 하나님의 평강이 그리스도 예수 안에서 너희 마음과 생각을 지키시리라(빌립보서 4장 6-7절).

아무것도 염려하지 않는 삶, 그런 인생이 가능할까요? 불가능합니다. 인간이 아무리 수양하고 수도를 해도 안 되는 일이지요. 오직 하나님의 능력에 힘입을 때 가능한 것입니다.

중국에서 '시의 신선'으로 알려진 이백(李白, 701-762)이란 사람을 아시지요. 그는 세상사에 얽매이지 않고 구름처럼 떠돌며 살았습니다. 그 호탕한 시인이 고민과 염려 속에 살았을 것이라곤 상상하기 어렵지요. 하지만 그는 이런 시를 남겼습니다.

칼을 뽑아 물을 끊어도 물은 다시 흐르고
술잔 들어 근심을 씻어도 근심은 더욱 근심이 되는구나!

참 솔직한 고백이고 탄식입니다. 근심은 인간의 힘으로 어찌할 수 없습니다. 믿음으로 거듭난 영혼만이 참된 평안을 누릴 수 있습니다.

예배를 통해 세상 염려와 근심을 맡아주시는 하나님을 만나십시오. 정말로 행복한 인생이 시작됩니다. 당신을 위해 계속 기도하겠습니다!

14.

기도는 어떻게 하는 것인가요?

➔ 궁금하기도 하고 잘 믿어지지 않아요!

신앙인들은 어쩌면 하나같이 기도를 그렇게 잘하는지 모르겠습니다. 입을 열기만 하면 기도가 술술 나오는 것 같아요.

그리고 믿음이 좋은 분들은 기도 응답에 대해 확신이 있는 듯해 보입니다. 자신이 기도하면 하나님께서 들어주신다는 확신 말입니다. 그러니 그렇게 열심히 기도하시겠지요. 매일 새벽 기도회에 참석하는 분들도 많더군요.

그런데요, 열심히 기도하면 하나님께서 정말로 우리의 기도에 응답해 주시나요?

또 한 가지 질문은요, 하나님께서는 인간의 마음을 꿰뚫어 보시는 분이시잖아요. 우리가 간절히 원하는 것이 무엇인지 다 아시는 분이신데 왜 꼭 기도를 해야 할까요? 오래전부터 궁금했습니다.

**➔ 기도는 하나님과 하는 대화요, 소통과 교제입니다.
꼭 무엇을 얻기 위한 것은 아닙니다.**

대화가 없는 부부를 생각해 보세요. 자주 만나지 않는 부자지간을 떠올려보십시오. 서로가 상대방을 충분히 알기 어렵고 살가운 관계를 유지하기도 어려울 것입니다.

사랑하는 사람들은 자주 만납니다. 친밀한 사이에는 늘 정겨운 대화가 있습니다. 하나님과의 관계 역시 마찬가지입니다. 하나님은 우리와 깊은 교제를 원하십니다. 깊은 사귐은 바로 기도를 통해 이루어집니다.

기도란 무엇일까요?

기도는 하나님과의 대화입니다. 하나님께 자신의 마음을 열고 하나님의 말씀을 듣기 위해 귀를 기울이는 시간입니다. 기도는 하나님과의 영적 만남이지요.

흔히들 기도는 영혼의 호흡이라고 말합니다. 숨을 쉬지 않으면 단 몇 분도 견딜 수 없지요. 육체의 호흡은 이렇게 중요합니다. 마찬가지입니다. 우리 영혼도 호흡해야 합니다. 기도해야 영혼에 숨통이 트입니다. 하나님과의 사랑의 관계가 유지됩니다.

혹시 이런 생각이 들지 않나요? '예수님을 믿지 않았을 때는 기도하지 않아도 잘 살았는데 뭐…' 그런 생각 말입니다.

예수님을 영접하지 않은 상태에서는 우리 영혼이 하나님과 소통할 수 없는 상태였지요. 그때 사실 우리 영혼은 죽은 상태였습니다. 주님을 믿고 영혼이 소생하게 되면 기도하게 됩니다. 기도의 숨결이 살아나지요. 기도가 달콤해집니다. 마치 한참 동안 숨을 참고 있다가 신선한 공기를 가득 들이마실 때, 바로 그때의 기분이지요. 그렇듯 기도의 참맛을 깨닫는 당신이 되시길 바랍니다.

기도 역시 신앙의 성숙을 따라 성숙해 갑니다.

신앙이 성숙해 가면 기도 역시 성숙해 갑니다. 처음에는 어떻게 기도해야 할지 잘 알지 못하다가, 이윽고 자신의 삶 속에 필요한 것들을 하나님께 기도하게 됩니다.

기도를 통해 하나님께 소원을 비는 것이 잘못은 아닙니다. 하나님께서도 "아무것도 염려하지 말고 다만 모든 일에 기도와 간구로, 너희 구할 것을 감사함으로 하나님께 아뢰라"(빌립보서 4장 6절)라고 말씀해주셨습니다.

그러나 보다 성숙한 기도는 무엇을 요구하는 것에 앞서, 하나님과 깊은 대화를 나누는 것입니다. 즉, 자신의 속마음을 털어놓고 하나님께서 주시는 위로와 가르침에 귀를 쫑긋 세우는 것이지요. 자식이 부모와 대화할 때도 마찬가지 아닙니까? 부모님께 무엇을 요구할 때도 있지만, 그보다는 부모님과 마음을 나누는 것이 더 깊이 있는 대화이지요.

기도가 깊어지면 우리는 기도를 통해 내 욕망과 내 뜻을 이루려는 마음에서 벗어나게 됩니다. 기도는 소원 성취를 위한 수단이 아닙니다. 오히려 나에 대한 하나님의 소원이 무엇인가를 여쭈어 보게 되지요. 그렇게 되면 나 자신의 삶을 향한 하나님의 뜻을 깨닫게 됩니다.

그런 깊은 기도는 우리와 동행하시는 하나님의 숨결을 느끼게 해줍니다. 얼마나 감사한 일입니까? 사랑하는 사람은 그 존재 자체가 나에게 기쁨이요, 행복이지요. 부모님이, 또는 남편과 아내가 나에게 무엇을 해주지 않아도, 그분이 내 곁에 계시는 것만으로 행복하지요. 마찬가지입니다. 하나님께서도 우리 곁에 계십니다. 이런 영적인 진실은 오직 기도하는 사람만이 느낄 수 있습니다. 이것이 바로 성숙한 기도입니다.

하나님께서는 정말로 신자의 기도에 응답하시는가?

하나님께서는 정말로 우리의 기도에 응답하시는지요? 당신은 그렇게 질문하셨습니다. 물론입니다. 하나님은 예수 그리스도를 믿어 하나님의 자녀가 된 우리의 기도를 늘 듣고 계십니다. 그리고 응답하십니다.

너희가 기도할 때에 무엇이든지 믿고 구하는 것은 다 받으리라 하시니라(마태복음 21장 22절).

응답받는 기도는 '믿고 구하는' 기도여야 합니다. 반드시 믿음으로 드리는 기도가 되어야 합니다. "오직 믿음으로 구하고 조금도 의심하지 말라"(야고보서 1장 6절)고 강조하십니다. 그러니까 의심 없는 믿음이 응답받는 기도의 첫 번째 조건입니다.

구하여도 받지 못함은 정욕으로 쓰려고 잘못 구하기 때문이라(야고보서 4장 3절).

응답받는 기도의 두 번째 조건은 '정욕으로 쓰려고 잘못' 구하지 않아야 한다는 것입니다. '정욕'은 성경에 많이 등장하는 단어이지요. 우리 일상에서는 주로 '성적 욕망'을 의미하지만, 성경에서는 '인간의 모든 탐욕'을 가리킵니다. 자신의 탐욕을 채우기 위한 기도는 하나님께서 당연히 응답하지 않으십니다. 그것은 우리 자신에게 결코 유익하지 않기 때문입니다.

> **그를 향하여 우리가 가진 바 담대함이 이것이니 그의 뜻대로 무엇을 구하면 들으심이라**(요한1서 5장 14절).

응답받는 기도의 세 번째 조건은 '그의 뜻대로 무엇을 구하면' 들어주신다는 것입니다. 다시 말해, 하나님의 뜻대로 기도해야 합니다. 하나님께서 기뻐하시는 기도를 드리면 하나님께서도 기쁘게 응답하십니다.

응답받는 기도에 대해 예를 들어 설명하면 더 쉽게 이해가 되겠지요. 어떤 신자가 현금 백만 원이 필요하여 하나님께 기도했다고 합시다. 앞에서 제시한 응답받는 기도의 세 가지 조건을 대입해 볼까요.

첫째, 오직 믿음으로 구하는 기도인가? 그렇습니다. 조금도 의심하지 않고 확신 가운데 기도했다고 합시다.

둘째, 육신의 정욕을 위한 기도는 아닌가? 그렇습니다. 무척 가난하여 굶주리고 있는 이웃을 도우려고 백만 원을 하나님께 구했다고 가정해 봅시다. 육신의 정욕을 위한 기도가 아닌 것이 분명합니다.

셋째, 하나님의 뜻대로 드리는 기도인가? 그렇습니다. 가난한 이웃을 도우려는 마음은 곧 하나님의 뜻에 합당합니다.

> 가난한 자를 보살피는 자에게 복이 있음이여 재앙의 날에 여호와께서 그를 건지시리로다(시편 41편 1절).

하나님의 말씀입니다. 이 기도는 응답될까요? 그렇습니다. 하나님께서 응답하시는 기도의 조건에 부합되기 때문입니다. 그렇다면 하나님께서는 어떤 방법으로 응답하실까요? 이 부분이 궁금하시죠? 갑자기 하늘에서 돈뭉치가 떨어질까요? 그런 법은 없지요.

자, 이 단계에서 우리의 영적 분별력이 필요합니다. 하나님께서 기도에 응답하시는 방법을 잘 살펴야 합니다. 영적 감각이 중요하지요. 기도 생활을 오래 해온 사람들은 압니다. 하나님께서는 실로 다양한 방법으로 우리의 기도에 응답하십니다.

이렇게 응답하시는 경우도 있습니다. 갑자기 통장에 그만큼의 금액이 입금됩니다. 신기한 일이지요. 오래전 친구에게 돈을 꾸어준 후 받을 생각을 포기하고 있었는데, 갑자기 그 친구가 내 계좌에 백만 원을 입금하는 것입니다. 미안하다는 말과 함께 말입니다.

이런 경우도 실제로 있습니다. 부업거리가 생겨서 그만큼의 돈을 벌 수 있는 기회가 생깁니다. 때로는 집 안에 오래 방치했던 어떤 물건이 눈에 확 들어와 그것을 중고 시장에 팔아야겠다는 생각이 들 수도 있습니다. 아무튼 하나님께서는 다양한 방법으로 기도에 응답하십니다. 기도한 사람이 미처 생각지도 못했던 기막힌 방법을 사용하실 때도 많습니다.

중요한 것은, 이러한 일들을 믿음의 눈으로 잘 헤아릴 수 있는 영적 민감함입니다. 기도한 후에 일어나는 일이 진정 하나님의 응답인가를 판단하는 능력 말입니다. 그래서 영적 감각, 곧 영적 분별력이 필요하다고 말씀드렸던 것이지요. 그런 감각이 무디게 되면, 자신의 기도가 이미 응답된 것을 모르고 지나칠 수 있지요. 그렇게 되면 "하나님은 왜 이렇게 더디게 일하십니까?" 하고 하소연하듯 힘없는 기도만 드리게 될 것입니다.

하나님께서는 우리의 속사정을 다 아시는데 꼭 기도를 해야만 하나요?

자, 이제 다음 질문으로 넘어가 볼까요. 하나님께서는 인간의 마음을 꿰뚫어 보시는 분이시고, 우리가 간절히 원하는 것을 다 아시는 분인데 왜 꼭 기도를 해야만 하는가? 참 좋은 질문입니다. 신앙생활을 오래 하신 분들도 가질 수 있는 의문이라는 생각도 드네요.

그렇습니다. 하나님은 우리에게 무엇이 필요한지 모두 알고 계십니다. 하나님은 우리의 머리카락 숫자까지도 세고 계시는 분이니 말입니다(마태복음 10장 30절).

결론부터 말씀드려 볼까요. 그래도 우리는 기도해야 합니다. 왜 그럴까요?

하나님께서는 우리가 당신께 구하고 또 의지하는 것을 좋아하십니다. 물론 하나님께서는 우리가 요구하지 않은 것들도 공급해 주십니다. 우리가 일상에서 누리는 것들을 생각하면 쉽게 이해될 것입니다.

우리 신자 편에서 생각해 봅시다. 그럼에도 우리의 필요를 다 아시는 하나님께 기도해야 하는 데는 명백한 이유가 있지요. 우리가 기도하지 않고 응답받게 되면 그것이 하나님께서 주신 선물인 것을 모르게 됩니다. 그저 당연하게 여기게 되지요. '그런 일이 생길 때가 되었으니 생겼겠지'라고 생각하기 쉽습니다. 기도하지 않고 주어지는 축복은, 우연이나 요행으로 여기기 쉽지요.

그렇게 되면 하나님께 감사하는 마음이 생길 리 없습니다. 하나님께서 내 삶에 복을 주시는 것을 인식하지 못하게 되지요. 이것은 성도의 신앙생활에 큰 문제를 가져오게 됩니다. 하나님과의 사귐도 끊어지게 되지요. 그러니 우리는 기도를 통해 하나님께 우리의 필요를 말씀드려야 합니다.

참고로, 한 가지 덧붙입니다. 우리가 기도를 끝마칠 때 "예수님의 이름으로 기도드립니다. 아멘!"이라고 마무리하지요. 그 이유를 생각해 보신 적이 있으신가요? 기도를 마쳤다는 신호나 약속일까요? 아닙니다.

우리가 하나님께 기도할 수 있는 신분이 된 것은 예수 그리스도의 이름 때문이지요. 우리의 기도를 들어주시는 것 역시 예수의 이름 때문입니다. 우리가 기도 응답받을 자격이 있어서 기도하는 것이 아닙니다. 오직 예수님의 공로 때문입니다. 그러니 그 권세의 이름으로 기도하는 것입니다.

우리가 중요한 법률 행위를 할 때 문서를 작성한 후 대개 인감도장을 찍습니다. 마찬가지입니다. 하나님께서 우리의 기도를 들어주시는 것은 예수님의 이름 때문이니, 기도를 마칠 때는 항상 예수님의 이름으로 기도드렸음을 고백하는 것입니다.

➔ 우리 삶에 적용하며 기도합시다!

믿음으로 드리는 기도는 응답을 받습니다. 그러나 기도가 요술 방망이는 아닙니다. "금 나와라, 뚝딱!" 하고 외치면 금세 금덩이가 생기지는 않습니다. 때로는 오래 기다려야 합니다.

기다리면서 하나님과 더 깊이 교제하는 가운데 응답되는 경우가 많습니다. 그래서 저는 신앙의 '3기'를 강조합니다. 믿음으로 '기도'했으면 '기대'하며 '기다림'의 시간을 가져야 합니다.

어떤 기도는 전혀 응답되지 않습니다. 왜 그럴까요? 앞에서 나눈 대로 하나님의 뜻에 합당하지 않기 때문이지요. 말을 바꾸면, 그 기도의 응답은 결국 우리 자신에게 유익하지 않기 때문입니다. 자녀가 귀엽다고 요구하는 것을 다 들어주지 않는 것과 똑같은 이치지요. 어린 자녀가 사탕을 달라는 대로 줄 부모는 없습니다. 사탕을 많이 먹으면 건강에 이롭지 않기 때문입니다. 마찬가지입니다. 하나님께서도 우리에게 진정 유익한 것만 들어주십니다.

우리 삶에, 우리의 영혼에 진정 무엇이 이로운 것인지 우리 자신도 사실 잘 모릅니다. 하나님께서 더 잘 아십니다. 그러므로 때로 우리의 기도가 응답되지 않은 것 역시 축복입니다. 넓게 생각해 보면, 그것 역시 기도의 응답이지요. 그럴 때 우리는 보다 중요한 것을 깨닫게 됩니다. '아하, 하나님께서는 내 삶에서 이런 것은 원하지 않으시구나. 나에게 유익한 것이 아니구나' 하는 깨달음 말입니다. 신앙생활에서 매우 중요한 부분이지요. 그런 면에서 기도는 자신의 삶을 잘 성찰하도록 만듭니다.

'간증'(干證)이란 말을 들어보셨는지요. 간증은 '믿음 생활 중에 겪은 신앙적 체험'을 말합니다.

저 역시 간증거리가 많습니다. 하나님께서는 부족한 사람의 기도에 참 많이도 응답하셨습니다. 몇 가지만 간단히 나누겠습니다.

저는 경제적으로 어려운 집안에서 태어나 병약한 유년기를 보냈습니다. 중학교도 진학하기 어려운 가정 형편이었지요. 하지만 하나님께서는 남만큼 공부하도록 도와주셨습니다.

어렵게 입학한 사범대학에서 마지막 학기 등록금이 없어 교사의 꿈을 접어야 했을 때, 하나님께서는 학교 앞 빵집 아주머니를 통해 도움의 손길을 펼치셨지요. 제가 그분께 손을 내민 것도 아닌데 말입니다. 나중에 알고 보니, 그분은 하나님을 잘 섬기는 집사님이셨습니다.

저는 우리 집안에서 기독교 신앙을 처음으로 갖게 된 사람입니다. 예수 그리스도를 구세주로 영접한 후 곧바로 부모 형제에게 복음을 전했지요. 하나님께서는 제 기도에 빠르게 응답해 주셨습니다. 어머니와 형제 자매가 모두 믿음 생활을 하게 되었습니다. 얼마나 기뻤던지요. 한때는 조카들까지 포함하여 18명이 모두 같은 교회를 다니는 기쁨을 누리기도 했습니다.

늦은 나이에 목회를 시작하도록 불러 주신 분도 물론 하나님이십니다. 목사가 되도록 미리 준비시키셨고, 학교에서 학생을 가르치던 중에 교회를 맡겨주셨습니다.

저는 오랜 세월 동안, 후일 섬기고 싶은 교회에 대해서 매우 구체적인 기도를 드렸습니다. 하나님께서도 역시 구체적으로 응답해 주셨습니다. 그리하여 지금은 아담한 교회에서 그동안 기도해왔던 모습대로의 목회를 하며 기쁘게 주님을 섬기고 있습니다.

먼지투성이의 푸른 종이는 푸른색이다.
어떤 먼지도 그것의 색깔을 바꾸지 못한다.

기형도 시 '먼지투성이의 푸른 종이' 일부

간혹 신자 중에는 이렇게 생각하는 분들이 있습니다. 자신은 기도할 자격이 없다고, 자신이 살아온 과거를 안다면 누구라도 그렇게 생각할 것이라고 말입니다.

그렇지 않습니다. 그것은 겸손이 아닙니다. 예수 그리스도의 보배로운 피로 깨끗하게 씻겨지지 않을 인생은 없습니다. 그대가 아무리 얼룩진 삶을 살아왔을지라도 예수 그리스도를 믿으면 깨끗한 영혼이 됩니다. 새로운 피조물로 거듭나게 됩니다.

먼지투성이의 푸른 종이는 여전히 푸른색입니다. 어떤 먼지도 그것의 색깔을 바꾸지 못합니다. 당신의 삶에 어떤 죄의 먼지가 두껍게 내려앉아 있어도 당신은 이제 하나님의 자녀입니다. 예수 그리스도의 피로 그 죄는 깨끗이 씻겨졌습니다. 당신이 지은 죄의 무게보다, 예수 그리스도의 보혈의 능력이 더 크고 크시기 때문입니다.

그러므로 당신은 예수 그리스도의 이름으로 기도할 수 있습니다. 그 능력의 이름으로 기도하여 응답받을 자격이 있습니다. 당신의 능력과 의로움으로 드리는 기도가 아니기 때문이지요. 그런 당신을 축하하고 또 축복합니다!

15.

교회에 등록하면 어떤 과정을 거쳐 신앙생활이 이루어지나요?

➔ 궁금하기도 하고 잘 믿어지지 않아요!

교회에 다니게 되면 신앙 성장을 위해 어떤 과정을 거치게 되는지 궁금합니다. 교회에서는 신자들에게 성경을 가르치려고 애를 쓰더군요.

교회에 등록하면 그때부터 정식으로 교회의 일원이 되는 건가요? 아니면 무슨 다른 절차가 있는지요? 교회를 다니면 세례를 받아야 한다고 강조하던데 왜 그런지도 궁금합니다.

또 교회 안에는 어떤 조직이 있는지요? 아마도 교회는 일반적인 세상 조직과 다른 모습을 갖고 있겠지요.

교회에는 장로나 집사 등 여러 가지 직분이 있는데, 이런 분들이 어떻게 임명되어 어떤 일을 하는지도 설명해주시면 좋겠습니다.

➔ 믿음의 행진, 교인으로서의 생활을 하나님께서 기뻐하시며 친히 이끌어주십니다!

앞으로 믿음 생활이 어떻게 전개될지 궁금하시지요. 신앙은 믿음의 공동체인 교회를 통해 성장합니다. 교회에 등록하시게 되면 어떤 과정을 거쳐 신앙생활이 이루어지는가를 말씀드리겠습니다.

새 신자 교육과 신앙 고백을 거쳐 세례를 받게 됩니다.

먼저 교회에 등록하면 새 신자 교육을 받게 됩니다. 교회 생활과 믿음에 대한 기본적인 안내를 하는 것이지요. 그리고 일정한 기간이 지나 분명한 신앙 고백을 한 신자에게 세례를 시행하게 됩니다. 교회에 따라 다소 차이가 있지만 대개 이런 과정을 거치게 되지요.

먼저 세례에 대해 말씀드리겠습니다. 세례는 매우 중요한 영적 예식입니다.

세례(洗禮)란 글자 그대로 '씻는 예식(의식)'입니다. 예수 그리스도가 자신의 죄를 모두 씻어 이제는 그 영혼이 깨끗하게 되었음을 선포하는 것입니다.

세례는 목사가 수세자(受洗者), 즉 세례받는 사람의 머리에 물을 뿌리는 방법으로 시행하는 것이 일반적입니다. 물을 사용하는 것은, 예수님의 보배로운 피로 한 사람의 모든 죄가 완전히 씻겨졌음을 상징합니다.

그러나 일부 교단에서는 침례(浸禮), 즉 물에 온몸을 담그는 방법을 택하기도 하지요. 물에 잠길 때 죄악된 자신은 죽고 물에서 나올 때 그리스도로 인해 다시 살아났음을 선포하는 것입니다. 어떤 방법이든 그 의미를 알고 마음에 새기는 것이 중요합니다.

내가 그리스도와 함께 십자가에 못 박혔나니 그런즉 이제는 내가 사는 것이 아니요 오직 내 안에 그리스도께서 사시는 것이라 이제 내가 육체 가운데 사는 것은 나를 사랑하사 나를 위하여 자기 자신을 버리신 하나님의 아들을 믿는 믿음 안에서 사는 것이라(갈라디아서 2장 20절).

예수 그리스도께서 십자가에 돌아가실 때 죄악 된 '내가 그리스도와 함께 십자가에 못 박혔'음을 믿고, 오직 '하나님의 아들을 믿는 믿음 안에서' 거듭난 삶을 살게 된 것을 공포하는 예식이 세례입니다.

여기에서, 반드시 기억하실 것이 있습니다. 세례식을 거행함으로써 죄가 씻어지는 것이 아닙니다. 예수님을 믿음으로써 죄가 씻어진 것을 선포하고 확증하는 예식이 세례입니다. 그러므로 세례는 예수님을 구세주로 고백하고 진정한 믿음을 가진 신자에게만 시행합니다.

세례를 받는 것은 진실로 큰 영광이요 기쁨입니다. 하나님께서 주신 믿음으로 구원의 확신이 있는 영혼만이 받는 것이기 때문이지요. 당신에게도 이 설렘과 기쁨의 날이 속히 다가오기를 바랍니다.

교회에는 여러 조직과 부속기관이 있습니다.

다음으로는, 교회의 조직에 대해 살펴보겠습니다. 교회의 기본 회의체는 일반적으로 공동의회(신도총회), 제직회, 당회 등이 있습니다.

교회에 정식으로 등록한 후, 앞에서 설명한 세례를 받게 되면 공동의회의 회원이 되지요. 공동의회는 주로 교회의 예결산을 심의, 의결하고 교회 직분자를 선출하는 등의 기능을 수행합니다.

제직회(諸職會)에서 '제직'은 '여러 직분'을 의미합니다. 그러므로 교회 내의 여러 직분, 즉 목사와 장로, 그리고 권사나 집사 등 모든 직분자들이 모인 협의체이지요. 제직회는 교회의 예산을 집행하는 일을 주로 하고, 예산 사용과 관련된 교회의 다양한 활동을 의논합니다.

당회(堂會)는 목사와 장로가 함께 교회 일을 협의하고 결정하는 핵심 기구입니다. 그러나 감리교회에서는 공동의회를 당회라고 부릅니다. 이렇듯 교회 회의체의 구성과 그 명칭은 교단에 따라 다소 차이가 있습니다.

또 대부분 교회에서는 남녀 전도회(남녀 선교회)가 구성되어 있습니다. 남성 성도는 남전도회, 여성 성도는 여전도회에 속하여 전도 활동을 하며 친목을 도모하기도 합니다.

교회 부속기관으로 주일학교(유년부, 초등부, 중고등부)가 있습니다. 이는 교회의 형편이나 규모에 따라 다양하게 운영됩니다. 그리고 교회 내에는 각종 소그룹 모임이 존재합니다. 성도들의 취미나 특기, 연령 등에 따라 조직되며, 다양한 활동을 통해 즐거운 신앙생활을 하도록 이끌어줍니다.

영광스러운 직분, 그것은 그리스도의 몸인 교회를

섬기라고 주신 사명입니다.

교회 안에는 여러 직분이 있습니다. '직분'(職分)이란 '맡은 바 본분'을 말하지요. 하나님께서는 교회 내에서 직분을 맡은 사람들, 즉 직분자들을 통해 교회 일을 해나가십니다.

이는 성도를 온전하게 하여 봉사의 일을 하게 하며 그리스도의 몸을 세우려 하심이라(에베소서 4장 12절).

하나님께서 직분자를 세우시는 목적을 밝혀주신 말씀입니다. '봉사의 일을 하게 하며 그리스도의 몸'인 교회를 세우려고 직분을 주시는 것이지요.

그런 직분에는 어떤 것이 있는지 말씀드리겠습니다. 먼저, 집사가 있습니다. '집사'(執事)는 한자의 뜻 그대로, '일을 맡은 사람', 곧 교회의 일꾼입니다. 집사는 교회의 다양한 부분에서 각자의 달란트(재능)대로 봉사합니다.

교회에서 활동하고 있는 집사들은 대부분 서리 집사입니다. 이는 1년 단위의 봉사직이지요. 그래서 해마다 재임명하여 집사로 세우는 것입니다.

그러나 성경에 기록된 집사는 '안수 집사'를 말합니다. 이는 글자 그대로 안수를 받은 집사입니다. '안수'(按手)란 '머리에 손을 얹는다'는 뜻이지요. 직분자를 임명할 때 하나님의 능력이 임하기를 간구하며 머리에 손을 얹는 것입니다. 안수 집사는 한번 안수를 받아 임명되면 계속 그 직분을 감당하게 됩니다. 그래서 이를 항존직(恒存職)이라고 부릅니다.

'권사'(勸士)는 '권면'(勸勉)하는 직분입니다. 권면이란 '믿음을 권하고 신자들을 격려하며 돌보는 것'입니다. 집사 중에서 믿음이 확고하고 봉사하는 일을 잘 감당할 분들을 선출하여 세웁니다.

'장로'(長老)는 교회를 치리(治理)하는 직분자입니다. 치리란 '다스리다'는 뜻이지요. 장로는 성도의 대표격인 신분입니다. 그러므로 깊은 믿음과 인격이 요구되지요. 교회 내에서 선출이 되면 일정한 기간 동안 신앙 훈련 과정을 거치게 되고, 장로 고시를 치른 후 임직하게 됩니다.

장로는 하나님의 말씀에 입각하여 성도를 돌보며 목사와 협력하여 교회 행정을 맡습니다. 교회 재산을 관리하며 교회 내 인사 등에도 관여합니다. 권사와 장로 역시 안수 집사와 함께 항존직이지요.

이외에도 교회에서는 주일학교 교사나 구역장(속장) 등 다양한 직분이 있습니다. 이 모든 직분은 개별 교회의 필요에 따라 세워져서 하나님의 일을 담당하게 됩니다.

사람이 마땅히 우리를 그리스도의 일꾼이요 하나님의 비밀을 맡은 자로 여길지어다 그리고 맡은 자들에게 구할 것은 충성이니라(고린도전서 4장 1-2절).

목사, 장로, 권사, 집사 등은 계급이 아닙니다. 주종관계도 아니고 상하관계도 아닙니다. 서로 맡은 일이 다를 뿐이지요. 하나님께서 교회를 온전하게 하며 봉사의 일을 하도록 믿음과 재능에 따라 세우신 존귀한 직분입니다. 그러므로 직분자들은 서로 존중하며 협력해야 합니다. 그래야 교회를 온전히 세워가는 일을 감당할 수 있습니다.

➔ 우리 삶에 적용하며 기도합시다!

자, 이제 이 성경 공부의 마지막 시간에 이르렀습니다. 그동안 수고하셨습니다. 꾸준히 하나님의 말씀을 공부하신 당신에게 주님의 은혜와 평강이 가득하시길 바랍니다.

지난 매 시간마다 새 가족의 질문에 대해 제가 답변하는 형식으로 공부를 해왔는데요, 오늘은 제가 질문을 드려보겠습니다.

사람이 교회를 얼마 동안 다니면 구원을 받을까요? 또는 얼마 정도 예배에 참석하고 교회에 봉사하면 하나님의 은혜를 받게 될까요?

이 질문에 대한 그대의 대답이 궁금합니다. 지금까지 열다섯 차례의 공부를 통해 이미 정답을 마음에 갖고 있으리라 생각합니다.

정답은 간단합니다. 구원을 받기 위해 얼마 동안의 기간이 필요한 것이 아닙니다. 교회를 다닌 햇수나 봉사한 정도로 구원을 받는 것이 아니지요. 누구든지 예수님의 이름을 믿기만 하면 즉각적으로 구원을 받습니다.

이미 앞에서 강조하고 또 강조했습니다. 기독교는 수양을 하는 종교가 아니라고 말입니다. 구원을 얻기 위해 우리가 해야 할 일은 전혀 없습니다. 하나님께서 예수 그리스도를 통해 이미 이루어놓으신 구원과 은혜를 값없이 받는 것이 기독교 신앙입니다. 그 구원과 은혜는 '오직 믿음'으로만 가능하다고 말씀드렸지요.

누구든지 주의 이름을 부르는 자는 구원을 받으리라 (로마서 10장 13절).

얼마나 간단하고 분명한 말씀입니까? '누구든지'란 단어를 주목하십시오. 많이 배운 사람이나 그렇지 않은 사람이나, 부자나 가난한 사람이나 '누구든지' 주의 이름을 부르는 자는 구원을 받습니다.

그렇다면 진정 '주의 이름을 부르는 자'가 되기 위해서는 무엇이 필요할까요?

그런즉 그들이 믿지 아니하는 이를 어찌 부르리요 듣지도 못한 이를 어찌 믿으리요 전파하는 자가 없이 어찌 들으리요(로마서 10장 14절).

'주의 이름을 부르는 자'는 곧 '주를 믿는 자'입니다. 또 '듣지도 못한 이를 어찌 믿으리요'라는 말씀처럼 당연히 예수님에 대해 들어야만 믿을 수 있습니다.

그동안 제가 예수님에 대한 이야기를 해드리려고 애를 쓴 까닭이 바로 그것입니다. 믿음은 하나님의 말씀을 귀로 들어야 생기기 때문입니다.

그러므로 믿음은 들음에서 나며 들음은 그리스도의 말씀으로 말미암았느니라(로마서 10장 17절).

지금까지 그대는 이 시간을 통해 말씀을 '들음'으로 '믿음'을 갖게 되셨습니다. 그런 복을 누리도록 하나님께서 이 성경 공부의 자리에 초대하신 것입니다.

하나님은 살아 계십니다. 그분은 그대와 더 친해지기를 원하십니다. 더 자주 만나기를 원하십니다. 주일 예배에 꼭 참석하십시오. 그리고 수요일, 금요일의 모임에도 즐거이 참석하시길 부탁드립니다.

예배를 삶의 우선순위에 두십시오. 그러면 예배 참석이 쉬워집니다. 예배에 즐겨 참석하여 하나님을 더 깊이 깨달아 갈수록 당신의 삶은 행복으로 빛날 것입니다. 기쁨으로 반짝일 것입니다.

시 한 편을 나누며 성경 공부를 마무리할까 합니다.

그 사람을 가졌는가?

함석헌(1901-1989)

만 리 길 나서는 길
처자를 내맡기며
맘 놓고 갈 만한 사람
그 사람을 그대는 가졌는가

온 세상 다 나를 버려
마음이 외로울 때에도

'저 맘이야' 하고 믿어지는
그 사람을 그대는 가졌는가

탔던 배 꺼지는 시간
구명대 서로 사양하며
'너만은 제발 살아다오' 할
그 사람을 그대는 가졌는가

불의(不義)의 사형장에서
'다 죽여도 너희 세상 빛을 위해
저만은 살려두거라' 일러 줄
그 사람을 그대는 가졌는가

잊지 못할 이 세상을 놓고 떠나려 할 때
'저 하나 있으니' 하며
빙긋이 웃고 눈을 감을
그 사람을 그대는 가졌는가

온 세상의 찬성보다도
'아니' 하며 가만히 머리 흔들 그 한 얼굴 생각에
알뜰한 유혹 물리치게 되는
그 사람을 그대는 가졌는가

그대에게는 그런 친구가 있으신가요? 우리의 구세주이신 예수님께서 이렇게 말씀하십니다.

> **사람이 친구를 위하여 자기 목숨을 버리면 이보다 더 큰 사랑이 없나니 너희는 내가 명하는 대로 행하면 곧 나의 친구라**(요한복음 15장 13-14절).

진리를 몰라 방황하던 우리에게 주님은 참된 진리가 되어 주셨습니다. 구원받을 자격이 전혀 없는 우리에게 주님은 친히 구세주가 되어 주셨습니다. 그 주님께서 이제는 우리를 친구로 부르십니다.

허덕이며 살아가는 인생길에서 우리를 위해 생명까지도 내어주신 분, 예수 그리스도는 이제 그대의 친구이십니다. 친구이신 주님을 의지하십시오. 그대의 남은 삶에 주님께서 늘 동행하실 것입니다.

함석헌 선생의 시를 다시 조용히 읽어보십시오. 그 시가 여러분에게 묻습니다. "그 사람을 가졌는가?"라고 물어볼 때, 이렇게 대답해 보시면 어떨까요?

"나에게 예수님이 바로 그분이십니다!"

그럴 때, 주님께서는 진실로 그대의 삶을 이끌어주실 것입니다. 진실로 구세주가 되어 주실 것입니다.

진리이신 하나님을 믿게 되면 인생 역전이 일어납니다. 세상을 바라보는 눈이 변합니다. 이전과는 다른 아름다운 삶이 그대 앞에 펼쳐질 것입니다.

하나님의 자녀 되신 것을 축하합니다.

행복한 성도, 빛나는 인생 되신 것을 축하하며 축복합니다!

감사합니다!

인생 역전을 위한 최고의 선택

1판 1쇄 인쇄 _ 2021년 8월 20일
1판 1쇄 발행 _ 2021년 8월 25일

지은이 _ 김동훈
펴낸이 _ 이형규
펴낸곳 _ 쿰란출판사

주소 _ 서울특별시 종로구 이화장길 6
편집부 _ 745-1007, 745-1301~2, 747-1212, 743-1300
영업부 _ 747-1004, FAX 745-8490
본사평생전화번호 _ 0502-756-1004
홈페이지 _ http://www.qumran.co.kr
E-mail _ qrbooks@daum.net / qrbooks@gmail.com
한글인터넷주소 _ 쿰란, 쿰란출판사
페이스북 _ www.facebook.com/qumranpeople
인스타그램 _ www.instagram.com/qrbooks
등록 _ 제1-670호(1988.2.27)
책임교열 _ 최진희·최가영

 ISBN 979-11-6143-589-3 93230